Haunted Stuff: Demonic Dolls,
Screaming Skulls & Other Creepy Collectibles
Copyright © 2014 Stacey Graham
Publicado originalmente por
Llewellyn Publications
Woodbury, MN 55125, USA
www.llewellyn.com

Imagens © Dianne Hoffman (Capa), © Beth Bartlett,
Biblioteca do Congresso (EUA), LaMishia Allen, Lucy
Cheung, Stacey Graham e Theresa Apple,
Joe Cicak/iStock Photo (p. 6)
Tradução para a língua portuguesa
© Eduardo Alves, 2019

Diretor Editorial
Christiano Menezes

Diretor Comercial
Chico de Assis

Gerente Comercial
Giselle Leitão

Gerente de Marketing Digital
Mike Ribera

Editores
Raquel Moritz
Bruno Dorigatti

Editores Assistentes
Nilsen Silva
Lielson Zeni

Capa e Projeto Gráfico
Retina 78

Designers Assistentes
Aline Martins/Sem Serifa
Arthur Moraes

Finalização
Sandro Tagliamento

Revisão
Marlon Magno
Retina Conteúdo

Impressão e acabamento
Gráfica Ipsis

DADOS INTERNACIONAIS DE CATALOGAÇÃO NA PUBLICAÇÃO (CIP)
Angélica Ilacqua CRB-8/7057

Graham, Stacey
 Objetos sobrenaturais / Stacey Graham ; tradução de
Eduardo Alves. — Rio de Janeiro : DarkSide Books, 2019.
224 p.

 ISBN: 978-85-9454-158-1
 Título original: Haunted Stuff

 1. Parapsicologia 2. Sobrenatural 3. Fantasmas
 I. Título II. Alves, Eduardo

19-0378   CDD 133.1075

Índices para catálogo sistemático:

1. Parapsicologia

[2019]
Todos os direitos desta edição reservados à
DarkSide® *Entretenimento LTDA.*
Rua Alcântara Machado 36, sala 601, Centro
20081-010 — Rio de Janeiro — RJ — Brasil
www.darksidebooks.com

SUPERNO OBJECTS

OBJETOS SOBRENATURAIS
STACEY GRAHAM

Tradução Eduardo Alves

DARKSIDE

Para B.G.
Half Hope

SUPERNO OBJECTS

mas Snell, *Tirzah Strong,*	*E. S. Snell,*	*Sabra*
Born	*Bo*	
mington, Mass. *Bo*	011 ____ INTRODUÇÃO:	*Con w*
ov. 17. 1774. *Apr*	PORTAS DO ALÉM	*Sept.*
Married	014 ____ 1. REALIDADE FANTASMA	
Sept. 11. 1800	038 ____ 2. BONECAS & OBJETOS	*1828.*
	DEMONÍACOS	
May 4, 1862	060 ____ 3. OSSOS AMALDIÇOADOS	
Brookfield, Mass. *No.*	084 ____ 4. CASAS & MOBÍLIAS ASSOMBRADAS	
	110 ____ 5. EXPERIÊNCIAS PESSOAIS	
Residence		*Residenc*
North Brookfield, Mass.	⑩	*Amherst*
Built 1816.		*Built 1825*

SUMÁRIO

134 ____ 6. OCEANOS MACABROS
154 ____ 7. HOTÉIS ASSOMBRADOS
178 ____ 8. HOLLYWOOD BIBLE
194 ____ 9. MANDINGAS & MALDIÇÕES
217 ____ 10 O FIM É SÓ O COMEÇO

218 ____ CONSULTAS SOBRENATURAIS
222 ____ AGRADECIMENTOS

PORTAS DO ALÉM
INTRODUÇÃO

Encontrar uma boneca antiga sem igual na venda de garagem é uma sensação incrível, até que você a leve para casa e ela lhe peça um copo d'água. Objetos sobrenaturais invadem nossas residências discretamente — por leilões, bazares, vendedores de antiguidades misteriosos, e a mais insidiosa de todas: pelas avós. Itens herdados pela mudança geracional da prataria podem mostrar seu lado mais sombrio caso algum parente tenha se apegado a um garfo de ostras depois de morrer.

O que cria um objeto sobrenatural? O que toma algo sem alma e faz com que carregue consigo a dor de um coração partido ou a violência de uma morte? Sejam eles abençoados ou amaldiçoados, esses objetos geralmente caem em nossas vidas criando situações tão estranhas quanto inusitadas ao nossos olhos e crenças. Retratos sobrenaturais, cadeiras que condenaram pessoas a mortes horríveis ou bonecas que você achava que era coisa de filme ruim — o objeto mundano cria seu horror com as lembranças de seus antigos proprietários e as transmitem aos novos. Agora, você talvez pense duas vezes antes de visitar a próxima venda de garagem.

Então como um objeto se torna sobrenatural? Será possível haver um fantasma espremido entre as moléculas e incrustado nas fibras do objeto, porque a assombração não consegue ficar longe dele? É possível. A primeira lei da termodinâmica estabelece que a energia não pode ser criada nem destruída — apenas transferida. Então uma teoria do que chamamos de "objeto sobrenatural" é o simples fato de que a energia foi depositada em um item, em vez de flutuar ao redor do éter e aparecer em momentos inoportunos, por exemplo, bem na sua frente naquela visitinha à geladeira, meia-noite. A energia deixa um resíduo que permite ao objeto se apresentar a pessoas sensitivas o bastante para captar suas travessuras como movimento, conversa, sentimentos de desgraça iminente — você me entendeu. Um item também pode ser manipulado pelo espírito, como se fosse seu agente, tal como a cadeira que atravessa o cômodo. Mas será que isso quer dizer que o objeto está possuído ou apenas no lugar certo na hora errada?

Estradas, casas e cursos d'água também podem ser assombrados a partir da transferência de uma enorme carga emocional. Embora geralmente achemos que um item sobrenatural é algo para guardar no bolso ou esconder embaixo da cama, há outros elementos, de maior porte, que também podem ser mergulhados naquela mesma gosma paranormal, e ter tantas histórias para contar quanto uma boneca possuída.

    Por que os vivos são atraídos por histórias de fantasmas com objetos sobrenaturais? Porque somos curiosos. Não apenas sobre o que acontece depois da morte, mas também para responder ao verdadeiro mistério — por que um objeto se torna sobrenatural. Será que todo retrato tem um histórico? Será que toda cama se lembra de quem dormiu ali? Por que alguns itens manifestam atividade paranormal e outros não dão um pio? Se serve de algum conforto, pesquisadores paranormais ainda observam e esperam para aprender mais das interações do além com os vivos. Conforme nos esgueiramos para mais perto da verdade, contudo, precisamos perguntar a nós mesmos se estamos confortáveis com as respostas que encontramos. Então deixe aquela luminária por perto — só de garantia.

CAPÍTULO 01

Nem todos os espíritos têm a polidez de esperar que nos preparemos racionalmente para recebê-los. A não ser que tenhamos sido preparados para esperar algo paranormal, os vivos se abstraem de fantasmas, telemarketing e aqueles longos comerciais de bugigangas. É a maneira de a mente nos ajudar a separar o amontoado de informações que nos bombardeiam no dia a dia e priorizar o que é importante. Com fantasmas, nosso cérebro está preparado para racionalizar o que vemos em padrões que façam sentido, algo chamado pareidolia. Esse fenômeno registra que uma boneca não pode piscar o olho sozinha, ainda que, se isso acontece, você possa atribuir à luz ou pensar que sua imaginação interferiu no seu bom senso.

É bastante provável que você já tenha se deparado com o paranormal. Aquelas sombras que fogem do seu campo de visão quando vira a cabeça, o aroma fraco que desencadeia lembranças — isso tudo pode fazer você se perguntar se algo está meio esquisito. Conforme aprendemos a ignorar a ação de fantasmas, outras coisas mais mundanas, como contas a pagar e a pneus novos para o carro, entram em seu lugar. Somente quando relaxamos e permitimos que os sentidos baixem a guarda é que vemos mesmo as bordas turvas da realidade.

Onde Espreitam os Objetos Sobrenaturais

Já encontrou algum objeto lhe chamando da mesa abarrotada em um mercado de pulgas? A mídia paranormal, bem como livros ou programas de televisão, ajudam colecionadores a se sintonizar com as vibrações que itens sobrenaturais emitem e dão exemplos do que procurar: joias, brinquedos, fotografias e até mesmo roupas. Como caçadores de tesouros fantasmagóricos, colecionadores procuram itens que falem com eles — às vezes, literalmente. Se não estiver à procura de um pequeno rodeio paranormal, contudo, mantenha isto em mente: seja cauteloso com o que pode levar para casa junto daquele berço antigo.

Há uma lista de lugares que vendem itens que podem ter fantasmas na garupa. Ainda que a maioria dos vendedores não esteja ciente do passado sobrenatural, eles podem lhe dar informações a respeito do objeto. Bata um papo com eles e pegue o cartão de visita caso precise de ajuda para a pesquisa posterior ou mesmo se quiser devolver um item por ter atividade indevida.

1.2 VENDAS DE BENS

Aquele pote de biscoitos solitário pode ter sido posto de lado por algum motivo. Quando o dono do objeto morre e a família se encarrega da dolorosa tarefa de decidir o que vai para casa no porta-malas da minivan e o que fica, itens sem valor sentimental (em especial, os mais difíceis de armazenar ou transportar) costumam ser vendidos para que outras pessoas os aproveitem. Móveis maiores, como camas ou espelhos, normalmente vão à venda. Itens ligados fisicamente aos antigos donos, como cama, ou algo pessoal, um espelho, por exemplo, são peças excelentes para levar lembranças do fantasma para um novo espaço.

Objetos encontrados carregam energias e às vezes lembranças boas e ruins que podem não pertecer a você. — **Lorraine Warren**

Itens menores, como bibelôs ou utensílios de cozinha, também podem disparar atividades paranormais. Além de ímã para poeira, um suvenir também acumula as lembranças de todos que o manusearam — não apenas as do dono. Centenas de pessoas podem tocar o mesmo objeto antes que ele vá para casa na bagagem de alguém. Assim, a energia dessas pessoas também foi impressa nessa lembrancinha; ou seja, pode ser que você leve para casa mais do que um *sombrero* festivo, amigo.

Uma útil faca de cozinha pode ativar habilidades psicométricas; a lâmina que trocou de mãos reflete a alegria — e possível tristeza — de dias passados. Visto que a cozinha muitas vezes é o coração da casa, fortes emoções estão ligadas aos seus objetos. Manuseados no dia a dia, copos, garfos e mesmo descascadores de batata podem ter as lembranças do antigo dono. Se seu armário emitir estrondos à noite, é melhor estar preparado — alguém observa você.

1.3 MERCADOS DE PULGA E FEIRAS DE ANTIGUIDADES

Mesas abarrotadas de livros, brinquedos velhos e questionáveis produtos de beleza podem ser a sorte grande para o colecionador do paranormal. Itens são negociados entre vendedores e um pequeno objeto pode passear por enorme território antes de encontrar um lar. Se você vir uma mesa com pouco movimento, converse com o dono e descubra como andam os negócios. Sem nem perceber, ele pode ter um infeliz fantasminha clandestino que atrapalha suas vendas.

Feiras de antiguidades são uma ótima maneira de livros antigos viajarem. Altamente comercializáveis, são trocados e vendidos com frequência suficiente para haver resíduo paranormal entre as páginas. Feiras com frequência oferecem móveis de luxo que também podem ter sua história. Se você quer aumentar sua coleção e encontra uma peça que parece adequada, converse sobre essa peça com o vendedor para ver se ele sabe da origem dela. Depois de comprar o objeto e levá-lo para casa, pesquise. Talvez você descubra que aquela poltrona de espaldar alto passou por muitas situações dramáticas e não é apenas uma poltrona adorável.

Atraímos o bem e o mal assim como o amor e o olhar das pessoas. — **Ed Warren**

Bastões ou bengalas podem ser encontrados em mercados e lojas de antiguidades, e se tornam um meio incomum de locomoção de fantasmas. Geralmente de uso constante, essas peças criam vínculo com o usuário, até são decoradas para refletir a personalidade do dono, portanto, procure entalhes, ornamentos ou faixas de metal que liguem o cabo à haste. (Dizem que o metal atrai e retém espíritos.) Descartados depois da morte do dono, esses itens procuram um novo lar para assombrar.

1.4 BAZARES BENEFICENTES

Fuçar no seu bazar beneficente predileto para economizar um dinheirinho pode render mais do que uma boa pechincha. Pelo contato direto com a pele, as roupas retêm resíduos que não saem quando lavadas e a energia carregada de emoções se propaga e vai para o usuário seguinte. Chapéus e sapatos em especial parecem manter a memória dos antigos donos.

Será que sua canção favorita, encrustada bem fundo nos sulcos pretos de um LP, seria um encantamento para liberar o passado? É difícil encontrar *I'm So Tired* para baixar e tocar "Paul is dead" (Paul está morto) ao contrário; então, está na hora de fazer como antes: arranjar um disco — talvez um pouco empenado — e rodar melodias do Diabo. Discos de vinil, tocados repetidas vezes, podem capturar a impressão do dono, então, se o seu toca-discos ainda funciona, coloque aqueles LPs empoeirados para tocar e veja se Earth, Wind & Fire transforma o porão no país das maravilhas festeiro com um parceiro sobrenatural.

1.5 ANTIQUÁRIOS

Não deixe aquele sofá vitoriano de dois lugares e estofado de crina de cavalo enganar você; antiquários podem ser um viveiro de assombrações. Lembranças passadas de uma geração para outra se prendem aos itens mais amados — e não querem se separar deles. Uma caixa de fotografias cheia de imagens dos esquecidos pode incitar emoções — ternura, ciúme, alegria são sentimentos que não morrem porque o corpo definhou. Fantasmas normalmente se prendem às suas imagens, então se certifique de elogiar aquele corte de cabelo maluco. Fotografias de esferas ou objetos indefinidos também podem ter resíduo espiritual. Se tiver sorte, você consegue um pouco dizendo "xis".

Aquele retrato antigo comprado na loja de antiguidades pode ter um pequeno histórico. Sabe-se que pinturas podem "resistir" a sair dos lares que amam ou até a serem levadas para um cômodo diferente, como a história da tia Pratt em *Residências Assombradas*. Se comprar um retrato, tente descobrir quem é a pessoa retratada e a história dela. Se encontrar a moldura caída no chão na manhã seguinte, você deve ter comprado um avô ranzinza.

Joias retêm algumas das mais poderosas vibrações de objetos sobrenaturais. Metais, em especial o ouro, são condutores de energia psíquica. Visto que a joia fica em contato direto com a pele, ela pode absorver a energia da pessoa e se prender a ela.

1.6 LEILÕES

Alguns donos de objetos sobrenaturais querem se livrar depressa deles. Por meio de leilão, on-line ou presencial, um item pode ir do porão direto para você rapidamente. Leilões presenciais podem não colocar a etiqueta "sobrenatural" em item específico, então reserve um tempo para visitar as peças com antecedência e captar a vibração do que é oferecido. Se quiser levar para casa um objeto sobrenatural, peça ao leiloeiro para ficar de olho. Aí, você pode ser o primeiro na lista para algo especial, e, se a vibração estiver certa, levará para casa a nova peça da sua coleção por um bom preço.

Leilões on-line estão repletos de promessas de itens prontos para assombrar a sua casa pra valer. Geralmente acompanham histórias de eventos misteriosos, incêndios aleatórios e sentimentos de desgraça iminente, e é mais provável que o objeto seja encontrado no fundo da gaveta de meias e que se pretenda lucrar um pouco com ele. Múltiplas palavras-chave no título, como "bruxa-cigana-antigo-feitiços-assombrado-possuído" ao lado de fotografia turva ou escura do item pode ser o aviso de que, além de não ser exatamente sobrenatural, ele vai ser um excelente juntador de pó.

Quando tentar descobrir se o item de leilão on-line é ou não sobrenatural, pense nisto: objetos sobrenaturais são muito raros, são vendidos por grandes somas de dinheiro para compradores interessados no oculto ou no paranormal. Se um vendedor alega ter uma coleção de "itens possuídos" na garagem, qual seria a chance de os vender por tão pouco e ainda ter tantos deles? Antes de comprar um item, peça ao vendedor provas, algo mais que a sensação esquisita, de que algo acontece mesmo, antes de se ver com a carteira mais leve e uma boneca arrepiante. Há vendedores respeitáveis de itens assombrados on-line, claro, e podem estar dispostos a trabalhar com você. Ao reservar algum tempo para pesquisar o objeto antes da compra, o vendedor e você podem se tornar parceiros na busca pela verdade por trás do sorriso pintado daquela boneca.

1.7 HERANÇAS

Peças transmitidas de um membro da família a outro podem ter significados especiais ou apenas passar pelos parentes tantas vezes que ninguém se lembra mais nem mesmo por que as guardaram. Parte episódio de *Acumuladores*, parte jornada sentimental, é difícil se separar desses objetos, se alguém da família é ligado a eles. Você pode ganhar na loteria com aquela cadeira de balanço antiga, mas a sua tataravó a viu primeiro.

1.8 DESCOBERTAS NA BEIRA DA ESTRADA

Sofá velho deixado na esquina para o lixeiro ou possível tesouro paranormal? Alguns itens deixados para a coleta da prefeitura podem ter um segredo. Aquela casa de bonecas jogada no terreno pode estar lá por um motivo: as bonecas impedem a família de dormir à noite com sua tagarelice. À medida que aprimora seus instintos em reconhecer o potencial de atividades fantasmagóricas em um objeto, não se apresse em deixar de lado itens jogados descartados e abandonados. Muitos objetos sobrenaturais são jogados fora porque caem na mão de pessoas incapazes de apreciar suas qualidades *singulares*. Por favor, use o bom senso ao levar para casa algo encontrada na beira da estrada, já que pode haver alguma coisa naquela poltrona reclinável que seja mais parasitária do que paranormal.

Sinais de uma Assombração

Como saber se sua casa tem visita que não faz a parte dela nas tarefas domésticas? Objetos sobrenaturais costumam dar as caras sem ser esperados e cair na folia espectral no lar normalmente pacífico. Alguns sinais de assombração são sutis, enquanto outros arrancam os lençóis da cama e pedem chá. Você já viu algum desses sinais depois de levar algo novo para casa?

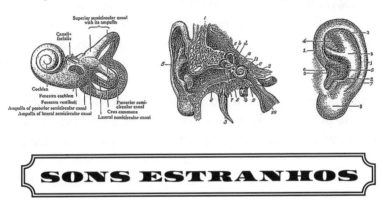

SONS ESTRANHOS

PASSOS: O som de passo geralmente é associado à assombração residual — caso tenha algum padrão e permaneça por alguns dias ou mesmo alguns anos. Mas também pode indicar que você tem um espírito errante nas mãos (ou um bebê que engatinha atrás de um lanchinho noturno). Acompanhe os passos e entenda onde começam e terminam: levam ao objeto mais novo na casa?

PORTAS QUE ABREM E FECHAM SOZINHAS: Um fantasma pode gostar de perambular pelo novo ambiente, então não fique surpreso caso ele seja um pouco curioso e investigue os cômodos atrás de portas fechadas. Ouvir portas baterem é mais comum do que ver alguma atividade paranormal, por isso mantenha os ouvidos atentos para fantasmas xeretas nas noites tranquilas.

SUSSURROS OU CHOROS: Um objeto pode lembrar os espíritos de dias especiais, afinal, não é incomum ouvir histórias de itens sobrenaturais mais ativos em datas significativas para o antigo dono. Se você sabe a história desse item, passe um pouco mais de tempo procurando sinais de atividade. Tente captar os sons com o gravador digital, para reproduzir o fenômeno da voz eletrônica (FVE), pois pode ajudar a descobrir mais do passado do fantasma. Você aprenderá mais a respeito de FVE e como gravá-lo na sessão de investigação.

RUÍDOS NÃO IDENTIFICADOS: Pode ser a casa se assentando ou o clássico galho de árvore raspando a janela, mas se você ouve ruídos como estrondos, pancadas ou batidas nas paredes que não podem ser dos canos ruins ou do guaxinim no isolamento do sótão construindo sua casa de veraneio, considere a hipótese de haver uma assombração na casa. Não tire conclusões paranormais precipitadas até eliminar todas as desinteressantes possíveis causas antes. Principalmente em casas antigas, roedores nas paredes ou janelas mal instaladas podem ser fonte de arranhões, correntes de ar frio ou assobios fantasmagóricos.

ODORES MORTAIS

COMIDA: Visto que a comida tem papel importante em muitas culturas, inclusive com as refeições em família, festas de casamento e velórios, utensílios de cozinha de outros donos podem trazer uma ebulição de lembranças enquanto você ferve a água pra começar o jantar.

CHARUTOS, CIGARROS OU CACHIMBOS: O forte odor de tabaco pode impregnar o ar com propriedades de assombração. Itens como cachimbos estão ligados intimamente a seu dono, e, se são passados de geração em geração como herança, lembranças podem voltar a se inflamar. O aroma inconfundível de charuto pode indicar visita fantasmagórica.

PÓLVORA: Armas de fogo antigas podem ter o resíduo de velhas batalhas no cano da arma. A morte pode não separar soldados ou caçadores das armas só porque já não têm um dedo nervoso. Ao levar uma arma para dentro de casa, sua história pode não ser mantida no coldre com tanta facilidade. Relíquias de campos de batalha também podem ter lembranças do conflito; balas, fivelas ou pertences dos soldados talvez contenham a profunda marca emocional do que aconteceu no conflito, como dor, medo ou coragem. Esses vestígios deixariam a impressão do fantasma e de seus últimos sentimentos no objeto.

Primeiro você os vê — depois não os vê mais. Muitas vezes, temos vislumbre pelo canto do olho do que achamos ser um fantasma, para então dar de ombros e culpar o cachorro pelo barulho. Investigadores paranormais acreditam que se materializar exige muita energia; por isso, essas explosões de luz ou sombras podem ser a única maneira de identificar quando um fantasma quer nossa atenção. Se você vê um padrão emergir quando e onde esse fenômeno acontece, anote-o e veja se há ligação com o objeto que levou recentemente para casa. Também pode se ligar a datas especiais ou o aniversário de morte do antigo dono.

APARIÇÕES: Se for sortudo o bastante de ver a cabeça flutuante ou a figura fantasmagórica de corpo inteiro, preste atenção no que ela veste para pesquisar mais depois. Aparições surgem em diversos estágios de translucidez, e algumas não são mais do que fiapo de fumaça, outras tão reais que é difícil ver que não têm pulsação.

ITENS DESAPARECIDOS: Itens que somem para aparecer dias ou semanas depois em outro lugar da casa é sinal comum de assombração. Diferentemente de um bem possuído, esse objeto pode ter apenas chamado atenção do fantasma que o emprestou por um tempinho. Brinquedos, controles remotos e a lição de casa de meus filhos já ficaram perdidos no espaço, embora suspeite quanto aos livros de matemática. Outros objetos, como moedas e joias, surgiram aparentemente de lugar algum para serem guardados em novo espaço.

ELETRODOMÉSTICOS: O liquidificador pode estar tentando lhe contar algo. Acredita-se que fantasmas se alimentam de campos magnéticos; assim, é mais fácil manipular e interromper o fluxo de energia para o eletrodoméstico. Muito menos complicado do que juntar energia para se tornar aparições, há muitos relatos de aparelhos eletrônicos reagindo ao que acreditamos ser fantasmas famintos por energia, assim como instalações elétricas defeituosas. Portanto, por favor, verifique com o eletricista ou troque a lâmpada antes de decidir que algo é um sinal do além.

TIPOS DE FANTASMAS

O mundo espiritual é classificado em pequenas gavetinhas para ajudar a entender com qual fantasma lidamos. Alguns dessas entidades são: residuais, inteligentes, poltergeist e pessoas das sombras. Para darmos uma olhada mais atenta no que você pode acolher caso leve para casa seu próprio objeto de história sobrenatural, vamos analisar cada um dos casos.

RESIDUAIS: Você caiu em um loop temporal e não consegue sair. Grande parte dos relatos paranormais do sobrenatural cai no reino do residual. Cacofonia de passos, batidas nas paredes, música executada por mãos invisíveis e até mesmo cheiros que se repetem no tempo — e com o público — certo. Não existe fantasma de verdade na assombração residual — você apenas pisou em uma lembrança e um pouco dela grudou na sola do seu sapato.

Alguns objetos parecem reagir a certas datas, como aniversários ou dia da morte, e acreditamos que aquilo que nos põem em contato e os faz dizer "Como vai?" está preso em seu próprio vórtice. A lembrança de eventos ou emoções foi tão forte que se transferiu para o item. Essa recordação provoca reação paranormal que alguns dos vivos sintonizam e captam.

INTELIGENTES: Agora é que os objetos sobrenaturais ficam interessantes. Sussurros, locais frios, até mesmo aparições de corpo inteiro podem ser sinais de que o mundo dos mortos quer sua atenção. O fato de se ligar a um objeto importante em suas vidas anteriores pode significar negócios inacabados a resolver, e procuram alguém sensitivo o bastante para falar. Se você procura itens assombrados, saiba de que pode levar consigo décadas de drama enroladas em um arco antigo.

Assombrações inteligentes são bastante usadas em filmes, e por uma boa razão. Filmes de fantasma têm enorme parcela do orçamento dedicada a efeitos especiais. Então, mesmo que você esteja animado a levar para casa um objeto que suspeita ser sobrenatural, pode acabar com chiado em vez de estrondo.

POLTERGEIST: Além do filme sobre pessoinhas horripilantes e má recepção do sinal de TV, poltergeist (palavra alemã para "fantasma barulhento") é o bebê do mundo espiritual. Geralmente confundido com assombração inteligente, esse tipo de fantasma faz uma balbúrdia com itens arremessados, portas batidas e fenômenos como chover pedras ou sapos na casa desafortunada. Normalmente centrado em um filho adolescente, acredita-se que o poltergeist seja o chilique subconsciente do indivíduo. Conforme a criança envelhece, o fenômeno perde a força.

PESSOAS DAS SOMBRAS: Aquele vulto visto pelo canto do olho pode ser uma pessoa das sombras. Com frequência descritas como altas formas humanoides cinza-escuras e de bordas indistintas, aparecem em momentos de estresse. Espreitando ao lado dos vivos, as pessoas das sombras foram retratadas de duas formas quase opostas: ignoram quem aterrorizam sem intenção, pois só queriam cuidar de suas coisas; possivelmente se alimentando da energia e quem aterrorizam. Ambas, porém, soam um tanto desagradáveis. Acredita-se que muitos relatos paranormais de avistamento fantasmagórico provêm de pessoas das sombras sorrateiras. Elas não são associadas a lugar ou objeto em particular, e são, na verdade, aleatórias.

Dicas Rápidas e Sujas de Investigação

Se você passou por algum dos sinais das seções anteriores, pode ser o momento de sacar o caderno e começar sua investigação. E se você acredita que a atividade paranormal está centrada no seu mais novo bibelô, se acomode e fique confortável.

EQUIPAMENTOS: Resumindo as ferramentas básicas para o caça-fantasmas, o investigador, na verdade, precisa de poucos apetrechos: caderno, lápis, relógio, lanterna, equipamento fotográfico ou de vídeo, gravador, bússola e lanchinhos. Outras ferramentas como detector de campo eletromagnético são excelentes, mas podem ser caras para caça-fantasmas iniciantes.

PESQUISA: Toda investigação começa com descobrir mais informações a respeito do objeto (ou da área). Entrevistar o antigo dono ou a família é um bom passo para descobrir a que ele está apegado. Se comprou o objeto pela internet, pergunte ao vendedor se está ciente de alguma história sobrenatural daquele item. Em alguns casos, a história do objeto deixa a peça mais valiosa; em outros casos, o vendedor tem medo de compartilhar o histórico excêntrico do item com receio de nunca conseguir tirá-lo da prateleira. Se você comprou algo listado como "sobrenatural" de propósito, pergunte de seu histórico; pode ser um aviso antes da cabeça flutuante aparecer na sua frente de verdade.

COMEÇANDO SUA INVESTIGAÇÃO

Muitas investigações são conduzidas à noite não por ser mais assustador, mas porque os barulhos do cotidiano são menores, o que ajuda a concentrar-se na tarefa. Prefiro investigar de luz acesa, porque como vai enxergar algo se mover se tropeçar em tudo no escuro? Não há glória na canela roxa, amigo.

Para começar, escolha uma hora em que a casa está quieta. É sempre melhor ter outra pessoa no cômodo com você — se ela não servir de isca para fantasmas, então ao menos pode atestar o que você viu. Depois de fitar por horas um bolinho de cerâmica assombrado, os olhos podem pregar peças em você. Desligue o aquecimento e o ar-condicionado para que o barulho não interfira na leitura do FVE, e veja se há correntes de ar entrando pelas janelas. Se você acredita que o objeto em questão vaga por aí, desenhe um círculo de giz em volta da base para ver se ele se mexeu.

No caderno, anote a hora, a data, quem está com você e as condições meteorológicas. Tempestades são associadas a crescentes atividades paranormais, portanto preste atenção extra ao objeto em momentos assim. Você pode descobrir que ele vem tentando contato para dar "oi" com mais frequência e conversar com seu parceiro durante a espera, mas isso pode fazer com que você deixe passar alguma coisa pequena de seu objeto sobrenatural.

Estabeleça a hora do intervalo para comparar anotações e lanchar: não há nada pior em uma sessão de FVE do que um estômago roncando ser confundido com entidade do além quando ouvir as gravações.

Agora, preste atenção a ruídos estranhos: batidas, passos e afins. Monitore quaisquer mudanças durante a sessão, como os barulhos citados, cheiros, e mesmo sentimentos como depressão. Quando o espírito expele energia para se fazer notar pelos vivos, ele pode ser sútil, então preste atenção caso ele não repita o espetáculo. Ao final do horário predeterminado, compare anotações com o parceiro, pois ele pode ter notado coisas que passaram batidas por você.

QUEM ROUBOU MEU BRAÇO DE OOOOOOURO?[1]

O fenômeno da voz eletrônica é um meio excelente para investigadores fazerem contato com o sobrenatural. É aqui que entra a bússola do kit caça-fantasmas: planeje as perguntas com antecedência e coloque a bússola em uma superfície plana perto do objeto, mas longe das tomadas ou do que use grande quantidade de energia, como televisões. Coloque a bússola apontada para o norte verdadeiro e inicie a sessão de FVE no seu gravador digital com seu nome, data, hora, cômodo onde está e quem o acompanha. Comece as perguntas no microfone e observe a agulha da bússola. Se ela se agitar, você pode ter visitantes. Ruídos dos vivos podem acontecer: o carro que passa em frente da casa ou o espirro do colega investigador não precisa arruinar a gravação. Nesse caso, certifique-se de anotar a situação enquanto o aparelho trabalha para não haver nenhum falso positivo para atividade.

Que pergunta fazer? É como o primeiro encontro: você quer ser inteligente, mas não tão inteligente para que a outra pessoa pense que é esquisito e peça para ir ao banheiro espectral e fuja pela janela. Pode começar com nome e idade. Peça para que se descrevam — talvez seja possível determinar o período de onde eles vêm com base no que vestem. Já que a investigação é focada em objeto, pergunte por que esse item em particular é importante. Deixe alguns segundos de silêncio entre uma pergunta e outra para que possa ouvi-los na gravação, caso possam responder. Depois de alguns minutos de entrevista, toque a gravação e veja se captou um "toca aqui, cara" fantasmagórico.

---

1 *Golden arm* no original. Referência ao conto folclórico (a versão mais conhecida é a de Mark Twain) sobre a morte de vítima com membro artificial, geralmente o braço, de ouro. Após a morte, esse membro é roubado por algum familiar. Então, o morto volta à vida para assombrar o ladrão e forçá-lo a devolver o membro de ouro. [NT]

FOTOGRAFIAS: O MOMENTO TE PEGUEI

Não existe nada como esferas para que o coração bata mais rápido durante a investigação — a não ser que a esfera seja na verdade um grão de poeira ou esporo de mofo. Fotografar durante investigações é peça importante do quebra-cabeça paranormal, mas tente reduzir o número de imagens falsas antes de começar. Certifique-se de que superfícies refletivas — como espelhos, aparelhos de televisão, joias e carecas — estejam cobertas para os flashes da câmera não refletirem como raios de luz. Use roupas de cores escuras porque as mais claras podem aparecer como reflexo de figura fantasmagórica. Cuidado com os dedos: alguns espíritos podem ter a aparência suspeita de dedão.

Se acredita que alguma atividade está em curso, aponte e dispare a câmera para onde está a ação e tire diversas fotos em sequência. Se houver o brilho de espelho ou o farol de carro passando, verifique se a luz ainda está lá em muitas das fotos. Isso pode ajudar a provar ou refutar sua teoria.

ENCERRE A INVESTIGAÇÃO

Algumas vezes pode levar semanas (ou mais) para obter retorno do visitante espectral. Mantenha o caderno de registro sempre à mão para anotar anomalias que ver e perceba se há algum padrão para prestar atenção no futuro. Mantenha-se receptivo, seja curioso e se divirta em sua mais nova aventura.

Viver em Grande Estilo como Médium

Alguns indivíduos têm pouca escolha a não ser reconhecer sua habilidade em interagir com o mundo espiritual. Se o dom for forte, pode ser difícil fazer os fantasmas calarem a boca. Sua habilidade em captar vibrações paranormais os ajudam a trabalhar com fantasmas para enviar mensagens àqueles que deixaram para trás ou encerrar um negócio inacabado. Será que eles são atraídos por objetos sobrenaturais mais do que nós, ou são os objetos que têm encanto mais forte para influenciar seus hábitos consumistas?

> *Eu achava que todos tivessem os mesmos sentidos dados por Deus. Você sabe, todos os* seis. — **Lorraine Warren**

Morrighan Lynne de Austin, Texas, usa seu dom de clarividência (que tudo vê) e clariaudiência (que tudo ouve) para ajudar clientes a se conectar com aqueles que passaram para o outro lado. Vinda de família com talentos únicos no mundo psíquico, aprendeu a desenvolver as habilidades depois de se tornar consciente delas na infância. Por ser capaz de acessar as experiências que o fantasma viveu anteriormente, emocional ou fisicamente — no sentido de que ela é capaz de sentir o que eles sentiram em alguns momentos, como doenças —, Lynne usa todos os sentidos para se comunicar com o outro lado e interpretar as mensagens que lhe enviam. Desse modo, consegue ajudar espíritos que não estão prontos para a travessia com algum encorajamento e um delicado empurrãozinho.

Quando encontra um objeto, Lynne diz que, a depender do espírito apegado à peça, é capaz de saber como ele morreu. Em outros casos, o objeto "acende" sua visão, e descreve o fenômeno como uma onda sonora branca que sai do objeto para chamar sua atenção. Esse é o momento em que ela se acomoda para reconhecer que detectou o espírito e ouvir a história que quer lhe contar.

"Minha história favorita é de quando estava de férias com um amigo em Seattle e fomos a um antiquário bem bacana. Zanzávamos pelo lugar, olhando as coisas e nos divertindo. De repente, entrei no que parecia ser uma bolha de energia diferente do resto da loja. Aquilo me fez parar de supetão porque, a princípio, não sabia o que pensar. Então só me concentrei e absorvi as informações que consegui captar. Meus olhos me levaram até uma estatuazinha descolada, à direita. Assim que me inclinei para pegá-la, meu estômago doeu. Não era como ansiedade, mas como se uma doença terminal me acometesse. Por conhecer bem minha clarisciência, sabia que não era meu estômago, mas o de outra pessoa. Então apanhei a estátua e me sintonizei com mais intensidade... era uma mulher, morta de câncer no estômago. Vi seus últimos dias de vida, a tristeza, a gratidão e os arrependimentos — tudo o que sentiu naqueles momentos derradeiros. Depois de captar o que senti que ela queria me passar, larguei a estátua e saí da bolha", contou Lynne.

O espírito só quer ser reconhecido, ouvido. Às vezes, isso é o suficiente para fazê-lo ir embora. — **Srta. Lynne**

"Continuei olhando ao redor e me vi em outra bolha. Dessa vez senti que não conseguia respirar. Essa sensação me domina com bastante frequência quando trabalho com o paranormal; basta me sintonizar para descobrir qual é o tipo de asfixia. Daquele momento em particular era estrangulamento. Então, me concentrei ainda mais, e vi que o jovem tinha se enforcado. Ele se sentia tão mal, triste e sobrecarregado. Mas queria que reconhecesse sua presença uma última vez. Olhei em volta e encontrei o objeto, que apanhei e honrei aquele jovem. A falta de ar parou e me senti melhor, o que significava que ele se sentia melhor. Então, segui olhando.

"Então me vi nos fundos olhando para malas e baús antigos, que adoro. Enquanto os tocava, um em particular meio que me 'deu choque'. Segurei a alça e vi todo o começo da vida adulta da linda garota que viveu na cidadezinha e sempre sonhou ir para Nova York, para a Broadway. Eu a vi se despedir dos pais e subir no ônibus prateado. Eu a observei enquanto acariciava a alça ansiosa durante a viagem, pensava no que viria, se perguntava se cometeu um erro. Também vi como era no palco, mais uma dançarina de apoio, e que se envolveu com um homem mau, alcóolatra abusivo, que a matou depois de uma noite de bebedeira. Fiquei tão comovida e me senti tão conectada a ela que comprei a mala e pedi que fosse enviada à minha casa em segurança. Ainda a tenho... até encontrei um antigo grampo de cabelo, que estimo muito, dentro do baú."

Quando questionada como trabalhar com um bem possuído, a srta. Lynne recomenda pegar um caso de cada vez.

"Se eles sentem/acham que a energia em volta do objeto é negativa ou estão desconfortáveis ao seu redor, chamaria alguém para purificá-lo de maneira apropriada. Profissionais diferentes têm métodos diferentes. Eu prefiro luz branca, sálvia, sal e desabafo", disse. "Em minha própria experiência, o espírito só quer ser reconhecido, ouvido. Às vezes, isso é o suficiente para fazê-lo ir embora."

From Harper's Magazine.   Copyright, 1893, by Harper & Brothers

PSICOMETRIA

Um método que os médiuns empregam é a psicometria. A habilidade de usar o tato para ler a história do objeto é poderosa — ondas de emoção, sons, recordações e cheiros podem ajudar quem percebe as vibrações do objeto a decidir se vai levá-lo para casa ou sair dali depressa. Certos itens são mais aptos a reter informações residuais, como metais, e o ouro o mais propício de todos a leituras.

Muito parecida com a assombração residual, ou ao loop temporal, a psicometria usa os mesmos princípios: médiuns são capazes de acessar um loop temporal, mas não de interagir com fantasmas de verdade. Podem descobrir mais de sua história, mas não podem mudar um resultado, nem convencer o fantasma a parar de assombrar a cristaleira. Uma teoria é que a psicometria dá ao médium a habilidade de interpretar a aura do item. Não importa o quão sólido o objeto pareça ser, há espaços entre as moléculas. A energia escapa por esses espaços e é interpretada por aqueles sensíveis o bastante para captar a mudança na força vibracional. Se a quantidade suficiente de energia é despendida na direção do objeto, você consegue um algo a mais pelos trocados que herdou.

Joias usadas em contato com a pele — anéis, colares e mesmo óculos — são de muita ajuda para o médium, visto que estão em contato com o dono original por longo período de tempo. Minha experiência com psicometria foi no encontro com um médium em uma feira mediúnica. Eu começava minha pesquisa com o paranormal e não tinha conhecimento algum de leituras pelo tato. Depois de me sentar, ela pediu meus óculos, já que não usava nenhuma joia. De imediato, me contou que me casaria com Bryan. Ainda que o nome fosse bastante familiar, não tinha intenção de me casar com quem quer que fosse tão cedo, menos ainda com meu irmão mais novo, Bryan. Eu lhe agradeci e continuei a pesquisa, e então, sem demora, conheci um homem chamado Bryan, com quem me casei poucos anos mais tarde. Tenho certeza de que esperava receber um convite para o casamento.

DESENVOLVER O DOM DA PSICOMETRIA

Todos os talentos exigem prática. Treinar a si mesmo para receber impressões de objeto que acredita ser sobrenatural não é diferente de tocar violoncelo ou aperfeiçoar um haicai — exceto que o violoncelo não toca sozinho. Para obter informações mais precisas, escolha um item que se sabe ter tido apenas um dono. Coloque o item na mão "não dominante" (se você é destro, coloque-o na mão esquerda) e se concentre. Peça a um amigo para gravar o que você disser. Visões, odores e sons talvez lhe deem a impressão de verdadeira bagunça, mas conte ao amigo o que você viu. O que parece ser um pequeno detalhe para você pode ser significativo para outra pessoa.

CAPÍTULO 02

As bonecas que não conseguimos afastar geram um mistério, porque, para muitos adultos, elas são combustível de pesadelo. Ainda que coloquemos roupas nelas, arrastemos elas para lá e para cá quando somos crianças, para depois as enfiar em um armário (e desejar que apenas sumam), essas bonecas deixaram uma impressão indelével em nossas vidas.

As pessoas que costumam se sentir atraídas e repelidas por bonecas, em especial bonecas sobrenaturais, é pelo o quê elas simbolizam: quando a boneca é sobrenatural, frequentemente envolve a morte de uma criança. E visto que muitas pessoas são impelidas a proteger e a cuidar de crianças, a morte prematura de uma delas deixa a história trágica. O que fica para trás são os brinquedos que seguraram nas mãozinhas ou que ficaram de vigia na mesa de cabeceira, descartados e esquecidos depois que a criança se foi. Além disso, alguns brinquedos podem não ser esquecidos pelos donos originais, que decidiram seguir em frente com eles a tiracolo.

Além do medo que muitos adultos sentem de pequenos mímicos loucos, brinquedos estão na lista de itens assombrados. Será que é por atribuirmos inocência aos objetos, o que faz ainda mais alarmante quando de repente interagem conosco depois de anos abandonados na estante? O que pode transformar um brinquedo adorado em algo temível? Dê uma última conferida no quarto do seu filho, porque acho que aquele ursinho de pelúcia estava olhando torto para você.

Um Sussurro em Minha Alma

Para Beth, escritora de Eureka Springs, Arkansas, sua experiência com brinquedo sobrenatural foi reconfortante. Depois de comprar o enfeite para o topo de doces e bolos do Scooby-Doo com um coração que acendia — para acrescentar à coleção de memorabilia do personagem —, doze anos atrás, ela confirmou que o amor nunca está longe demais.

"No ano em que o evento aconteceu, estava muito apegada emocionalmente a minha coleção do Scooby-Doo, e o enfeite para doces estava na prateleira atrás da minha mesa. Na semana antes do aniversário do falecimento do meu pai, uma amiga e eu falávamos dele. Ela me perguntou se, depois de vinte anos, ainda sentia a sua falta. Respondi com desembaraço 'não', mas depois, naquela mesma noite, chorei e disse em voz alta para o meu pai que ainda sentia falta dele", contou.

Objetos profanos têm uma aura própria. Quando você os toca, sua aura humana se mistura com a deles, e essa mudança atrai espíritos. — **Lorraine Warren**

"Alguns dias antes do aniversário, percebi que o coração do enfeite acendeu. Eu o desliguei, e achei que o interruptor devia ter batido na prateleira e acendido. No dia seguinte, entrei no escritório de casa e o enfeite de topo estava aceso de novo. Levei o colecionável para o meu marido, no outro cômodo, que o examinou, tirou as pilhas, olhou os contatos metálicos e disse que parecia tudo certo e, sem as pilhas, não acenderia mais. Voltei a colocá-lo na prateleira.

"Naquela noite, fui até o escritório para pegar alguma coisa e lá estava o enfeite aceso. Fiquei algo surtada, então pedi ao

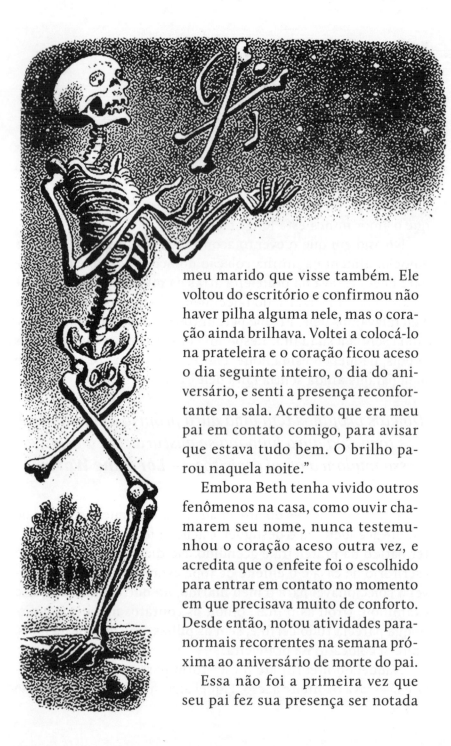

meu marido que visse também. Ele voltou do escritório e confirmou não haver pilha alguma nele, mas o coração ainda brilhava. Voltei a colocá-lo na prateleira e o coração ficou aceso o dia seguinte inteiro, o dia do aniversário, e senti a presença reconfortante na sala. Acredito que era meu pai em contato comigo, para avisar que estava tudo bem. O brilho parou naquela noite."

Embora Beth tenha vivido outros fenômenos na casa, como ouvir chamarem seu nome, nunca testemunhou o coração aceso outra vez, e acredita que o enfeite foi o escolhido para entrar em contato no momento em que precisava muito de conforto. Desde então, notou atividades paranormais recorrentes na semana próxima ao aniversário de morte do pai.

Essa não foi a primeira vez que seu pai fez sua presença ser notada pela família. No ano seguinte à morte, Beth relatou que a fotografia dele voava da parte de trás da prateleira na sala de estar da família. Ela sentiu que a mãe tinha a sensação de que ele queria que seguissem suas vidas. Depois de guardar a fotografia, os fenômenos pararam.

Beth viveu ainda mais atividades paranormais depois da morte do irmão, em 2002, e admitiu que pode ser um pouquinho sensitiva ao mundo espiritual: "Tive muitos momentos na vida em que senti algo antes que a coisa acontecesse, como um sussurro na alma".

A Enchanted Doll Forest

Para a empresária Suzanne Kraus Mancuso, da Enchanted Doll Forest, norte do estado de Nova York, o súbito encontro com o paranormal teve seu preço. Ao abrir sua loja de bonecas, em março de 2012, se juntou a outros vendedores de antiguidades que compartilhavam as dependências reformadas de uma fazenda de gado leiteiro do século XIX. Logo depois de se acomodar no espaço, Mancuso notou algumas coisinhas:

"A princípio, foram coisas simples, como objetos que 'trocavam de lugar' ou desapareciam — e então passei a ouvir meu nome, lâmpadas queimavam e o rádio ligava e desligava diversas vezes ao longo do dia. Mas o que me fez mesmo chamar a equipe de paranormais foi quando minha colega de trabalho se levantou para ir até o carro — assim que atravessou a soleira para sair, o rádio ligou; quando voltou pela porta, desligou. Meu queixo caiu e eu fiquei chocada — soube que não estávamos sozinhas ali."

Seu negócio foi impulsionado pelo fluxo contínuo de bonecas de vendas de garagem, do eBay e de outros leilões, embora algumas delas fossem apenas deixadas por lá. Mancuso acredita que a junção dessas bonecas todas na loja realmente agitou as coisas. Ela manteve um diário com as suspeitas de atividades paranormais, e viu um padrão se formar: em algumas manhãs, chegava e encontrava determinadas bonecas espalhadas no chão ou empilhadas exatamente no mesmo lugar, o centro da loja, e em duas ocasiões encontrou bonecas sem as cabeças. Enquanto trabalhava, com frequência sentia-se observada, e também era assombrada pelo barulho de vidro quebrando, bem como risos desencarnados atrás de si.

Mancuso não conseguia explicar nenhuma dessas atividades. Em maio de 2012, no entanto, descreveu um evento — que indicava com clareza que queriam chamar sua atenção.

"Estava limpando o chão certo dia [com] o aspirador de pó. Encontrei um rato morto no chão, então, levei ele para fora [e] joguei por cima da cerca. Dez minutos depois, encontrei o mesmo rato morto, no mesmo lugar — e joguei ele de novo por cima da cerca. Dez minutos depois, encontrei uma pinha, no mesmo lugar em que encontrei o rato", contou.

> *O sábio sabe haver coisas que desconhece, e o prudente respeita o que escapa ao seu conhecimento.* — **Reverendo John Nicola**

No verão de 2012, Mancuso tinha se cansado de bonecas errantes e caixinhas de música que tocavam sem que mão alguma desse corda nelas. Um ursinho de camiseta azul era vítima recorrente de lançamentos ao redor da loja. Em julho, jogou ele fora com a caixinha de música, e achava que a assombração fosse parar, mas àquela altura sabia que precisava de ajuda. Então, entrou em contato com duas equipes locais de paranormais para investigar o local, e a atividade pareceu aumentar depois de as equipes irem embora — bonecas de vodu foram encontradas no chão depois de "arrancadas [da] parede", e as pilhas de bonecas eram cada vez mais frequentes. No seu diário de atividades paranormais, listou duas bonecas recém-adquiridas que choravam sozinhas enquanto as outras voavam pela loja e ela apenas assistia.

Mancuso então transferiu a Enchanted Doll Forest para novo local. As bonecas seguem ativas, mas não na mesma medida.

Por ser vendedora, o negócio de Mancuso depende de sua honestidade com os clientes: as bonecas que apresentam mais atividade são descritas como sobrenaturais e, também, ela avisa aos clientes compradores da boneca que poderiam embarcar em uma experiência turbulenta. Ela descobriu que colecionadores de itens sobrenaturais ficam ansiosos para saber mais de suas experiências, e pagarão qualquer coisa para ter uma boneca sobrenatural em casa. Atualmente, porém, Mancuso não quer mais saber das bonecas assombradas. Com tamanho reduzido, mas ainda aberta, acredita que a atividade paranormal arruinou os negócios.

"Não recomendo objetos sobrenaturais a ninguém — e se prepare para lidar com essas coisas depois", disse.

ANNABELLE

A PERFECT DOLL FOR A DOLL HOUSE.

Directions for coloring: Face, neck and legs, flesh pink; hair yellow; shoes black; socks, also ribbons and embroidery on underwear, light blue. School dress—cream color with blue trimmings, collar and cuffs apple-red. School tam—blue, with cream pompon. Play dress—green, with white collar and cuffs, pink embroidery. Afternoon hat—cream color, with pink roses, green leaves, and blue ribbon. Party dress—pink, with white ruffles and sash and yellow flowers. Party hat—white, with pink ribbon lining. Sweater—tan, with green and tan striped collar and cuffs and sash.

Annabelle

Ao passar diante de um antiquário, em 1970, a mãe de Donna não resistiu e comprou a enorme boneca de pano com olhos de botões redondos de presente de aniversário para a filha universitária. Donna adorou a boneca, e a exibia em lugar de destaque no quarto do apartamento que dividia com a amiga Angie, estudante de enfermagem. Dias mais tarde, as mulheres perceberam algo estranho. Depois de arrumar a cama a cada manhã, Donna colocava a boneca — pernas esticadas para a frente, braços junto ao corpo — em cima da cama. Porém, quando voltava, à noite, as pernas e os braços estavam em posições diferentes: cruzados ou dobrados no colo.

Uma ou duas semanas se passaram, e todo dia a boneca mudava de posição. Donna testou a boneca e deixou de propósito os membros cruzados, para ver como estariam quando voltasse. Não apenas a encontrou de braços e pernas descruzados, como a boneca jazia curvada ou caída de lado.

Que ótimo dia para um exorcismo! — **Regan MacNeil**

Logo as amigas descobriram que a boneca escapulia para a sala da frente. Ao voltarem para casa certa noite, Donna e Angie a encontraram sentada na cadeira, perto da porta da frente, ajoelhada. Em outras ocasiões, estava sentada no sofá.

A boneca começou a deixar bilhetes pelo apartamento. Escritos a lápis, em papel-manteiga — materiais que não tinham na casa — descobriam mensagens implorando ajuda: "NOS AJUDE" e "AJUDEM LOU", rabiscados em caligrafia infantil, na horizontal, no papel amarelado.

Acharam que as travessuras da boneca eram peças pregadas por alguém com acesso ao apartamento, Donna e Angie marcaram portas e janelas para rastrear o intruso. Sem nunca encontrar evidências de alguém ter entrado no apartamento, elas começaram a se assustar.

Certa noite, acharam sangue nas costas da mão macia de pano da boneca — e outras três gotas de sangue no peito. Elas contataram uma médium para explicar os acontecimentos estranhos com a boneca. A vidente lhes disse que uma criança havia morrido na propriedade: Annabelle Higgins, 7 anos. A menina gostava da boneca de pano, e sentia que as estudantes eram capazes de se identificar com ela, continuou a vidente, então ela possuía a boneca para ficar perto das duas. As mulheres passaram a chamar a boneca de Annabelle dali em diante, e tratavam o brinquedo inexpressivo como se fosse uma criança. Para elas, não era mais um brinquedo — e sim uma criança que precisava de amor.

> *Você tem que ter fé em seu trabalho e ter muita fé em Deus, porque essa é sua única proteção contra as forças que enfrentamos.* — **Lorraine Warren**

Lou, amigo de Angie e Donna, nunca se sentiu confortável perto da boneca. Embora não conseguisse explicar por que preferia ficar longe de Annabelle, deveria ter aceitado seus instintos. Certo dia, Lou cochilou no sofá da sala da frente e sonhou com a boneca. Ao sentir que acordava, olhou em volta do cômodo e viu Annabelle a seus pés. A boneca escalou suas pernas, avançou pelo peito até alcançar o pescoço. No sonho, viu os braços macios tocarem os dois lados da sua garganta e sentiu o pavor de ser estrangulado pela boneca de pano. Ao acordar apavorado, soube que a boneca tinha de ir embora.

Mais tarde, enquanto se preparavam para uma viagem no dia seguinte, Lou ficou sozinho no apartamento com Angie. Ao ouvir ruídos no quarto de Donna, suspeitou que afinal apanhariam o que quer que brincasse com a boneca e descobririam quem estava por trás dos truques. Ele abriu a porta do quarto sem fazer barulho, e não viu nada fora do lugar, a não ser que, em vez de estar no lugar de costume, em cima da cama, Annabelle estava jogada, amarrotada no canto. À medida que avançava para dentro do quarto e chegava mais perto da boneca, sentiu a presença sombria atrás de si. Lou girou para encarar o agressor, mas caiu no chão. No mesmo instante, Angie entrou e encontrou o amigo sangrando. Ao afastar a camisa de Lou, viu sete marcas como de garras no peito dele, os arranhões ardiam como fogo na carne. O mais extraordinário foi que os ferimentos se curaram por completo após um ou dois dias, mas eles sabiam que precisavam de ajuda para lidar com o que tivesse possuído a boneca.

Donna procurou a igreja episcopal local, que sugeriu contatar Ed e Lorraine Warren,[1] fundadores da Sociedade para Pesquisas Psíquicas da Nova Inglaterra. Ed, demonologista, e Lorraine, médium sensitiva, ficaram intrigados com o caso. Depois de discutirem a história com Donna e Angie, os Warren concluíram que Annabelle estava possuída por um demônio, e não era uma simples assombração. Acreditavam que aquilo no controle da boneca manipulou as emoções das garotas ao lhes dizer, pela médium, que era um espírito de criança preso ali, e ofereceu assim ao demônio a maneira de entrar no apartamento. Ao perceber que Donna e Angie estavam em perigo, os Warren se ofereceram para tirar a boneca do apartamento.

No caminho de casa, os Warren tiveram uma rusga com a passageira. O carro engasgava e puxava nas curvas, colocando a viagem em perigo. Por fim, Ed Warren tirou o frasco de água benta da maleta e aspergiu quantidade generosa na boneca possuída no banco de trás. Então, o resto da viagem de volta foi tranquila. Em casa, puseram Annabelle sentada na cadeira ao lado da mesa de Ed, embora ele relatasse que a boneca com

---

[1] Saiba mais em *Ed & Lorraine: Arquivos Sobrenaturais*, de Gerald Brittle. DarkSide® Books, 2016. Trad. Giovanna Louise Libralon; e *Ed & Lorraine: Lugar Sombrio*, de Carmen Reed et. al. DarkSide® Books, 2017. Trad. Eduardo Alves.

frequência se mudava para cômodos diferentes, e até mesmo levitou nos primeiros dias no novo endereço.

Um armário especial foi construído para a boneca, e ela foi transferida para o Museu do Oculto dos Warren, onde permanece quieta desde então. Mas será mesmo? A boneca pode ser considerada culpada pela morte de um visitante do museu. Depois de ouvir a história das experiências de Lou com Annabelle, um jovem provocou a boneca, bateu no armário e pediu para ser arranhado. Escoltado para fora do museu com o aviso de que devia respeitar o que não entendia, o visitante e a namorada subiram na moto e foram para casa. Pouco depois de deixar o Museu do Oculto, o jovem foi vítima de acidente: a moto saiu da estrada e se chocou contra uma árvore, matando-o na hora.

A Boneca de Rosto Quebrado: Mandy

Museus são lugares sinistros. Cada um dos objetos no museu tem sua história, que muitos de nós jamais vamos saber. Curadores não gostam de termos como "sobrenatural" ou "possuído" para falar de alguns artefatos das coleções, mas coisas estranhas acontecem à noite quando as portas são trancadas e os itens deixados sozinhos com suas lembranças. Trancados nos expositores, alguns objetos permanecem ali para sua proteção — ou talvez para a nossa.

Mereanda, mais conhecida como Mandy, chegou ao Quesnel & District Museum and Archives, na Colúmbia Britânica, em 1991. Doada por uma mulher que achou que o museu seria mais apto para cuidar da boneca de porcelana dos anos 1920, Mandy chegou à antiga curadora, Ruth Stubbs. Em artigo no *Quesnel Advocate*, Stubbs recorda que a doadora lhe contou que Mandy pertencia a sua avó, mas não queria que a filha brincasse com ela, pois a boneca estava se desmantelando. E mais: desde que a boneca passara às mãos da doadora, esquisitices começaram a ocorrer em sua casa. Janelas fechadas instantes antes apareciam abertas, e ouvia-se um bebê chorar no porão, mas ao ir até lá ela se deparava com o uivo do vento através de outra janela aberta, e nenhuma criança para consolar. A inquietação de Stubbs ao aceitar o brinquedo foi apenas um pequeno indício do que estava por vir.

O corpo macio da boneca estava rasgado e o vestido imundo, mas os funcionários do museu recebiam sempre itens a reparar ou limpar. O que os incomodava era o rosto de Mandy: rachaduras enormes marcavam a feição, desciam da têmpora e atravessavam o olho e as bochechas; ela se parecia mais com uma criança espancada do que com uma boneca benquista. Outrora bonita, Mandy não envelhecia bem, com a tinta descascada e olhos um tanto salientes, o que lhe emprestava aparência agourenta. Era rotina fotografar a boneca em vários ângulos e posições. A fotógrafa e o namorado se sentiram inquietos enquanto Mandy estivera no cômodo com eles, mas não sabiam explicar o motivo. No dia seguinte, entraram no laboratório de fotografia e encontraram lápis e canetas espalhados pelo chão, como se, de acordo com Ruth Stubbs, "uma criança tivesse dado chilique". A fotógrafa também relatou ouvir suspiros altos atrás de si no laboratório e pular de susto quando alguma coisa caiu da prateleira. Ao que parecia, Mandy não gostou de ser fotografada.

Houve problemas com outros funcionários após a chegada de Mandy. Materiais de escritório desapareciam e passos ecoavam no edifício quando sabiam estar sozinhos. Embora não se assustassem com facilidade, os funcionários ficaram de olho na boneca bebê para ver qual seria seu próximo truque.

Sem área de exposição no museu pronta para Mandy, a boneca foi posta sentada em expositor improvisado na entrada. Visitantes do edifício eram cumprimentados por seu rosto um tanto desagradável; tinham a impressão de que os olhos da boneca os seguiam ao redor da sala ou sentiam-se tristes. Algumas pessoas afirmavam que a cabeça e os dedos de Mandy se mexiam, e os olhos envelhecidos piscavam conforme os visitantes se afastavam da boneca de rosto quebrado. Mais tarde, foi transferida para outra parte do museu, mas não perto de outras bonecas, pois os funcionários sussurravam entre si que ela poderia danificá-las. Ela foi culpada pela onda de desaparecimentos de artefatos e também por alguns lanchinhos que apareciam em lugares diferentes de onde estavam.

Ruth Stubbs contatou a doadora da pequena encrenqueira. Descobriu que depois de se livrar da boneca e voltar para casa, a mulher não ouviu mais o bebê no porão, nem sentiu qualquer brisa em casa porque Mandy queria tomar a fresca. Hoje celebridade, Mandy já apareceu em programas de televisão que esperam um aceno ou flagra de giro de cabeça. O museu convida os visitantes a tirarem suas próprias conclusões da boneca que pode ter visto coisas demais e não conta seus segredos a ninguém.

Robert, o Boneco Assombrado de Key West

Trancafiado em um expositor sufocante de vidro no museu Fort East Martello há um morador de pavio curto e um século de idade de Key West, Flórida. A história de Robert começa por volta da virada do século xx, quando um menininho ganhou ele de presente da criada de sua casa. Com pouco mais de um metro e vinte de altura, o boneco foi feito à mão para lembrar o seu homônimo, a criança de nome Robert Eugene (Gene) Otto, com macio rosto pintado e de garboso uniforme de marinheiro. Mas será que Robert foi só um presente ou Gene era peão em jogo de vingança e vodu?

Os Otto eram uma família rica, que construiu a casa que seria conhecida como Casa do Artista em 1898. Embora desfrutassem de privilégios na pequena ilha, havia o rumor de que o sr. e a sra. Otto não tratavam a criadagem muito bem. Uma criada, que diziam ter vindo de ilha rica em tradição vodu, fez o boneco para o menininho com um propósito: criar um amigo para Gene, que enlouquecesse e, talvez, até machucasse ele, como presente de despedida para a sra. Otto pela crueldade que sofreu dela.

Gene e Robert eram inseparáveis. Gene batizou o boneco com seu primeiro nome, e brincava com Robert o tempo todo, substituía as outras crianças pelo fac-símile sorridente de um menino de verdade. Frequentemente visto com a família em passeios ou sentado à mesa ao lado de Gene nas refeições, Robert não demorou a se tornar mais do que um brinquedo.

Em pouco tempo, os criados passaram a sussurrar entre si que o menino conversava com Robert quando estava sozinho no quarto. Com a porta fechada, se esforçavam para entender as palavras em voz baixa através da madeira, apenas para ouvir a resposta de uma voz completamente diferente da de Gene. Alarmados, observavam e esperavam o que aconteceria a seguir.

Eventos inexplicáveis começaram a acontecer na casa. Itens sumiam e quartos desocupados eram destruídos, com as roupas de cama espalhadas. Os outros brinquedos de Gene também sofriam — a família ouvia risadas tarde da noite, e encontravam os demais brinquedos quebrados e desfigurados na manhã seguinte. Porém, cada vez que Gene tinha de ser punido, culpava o boneco. Com a insistência do filho de que o boneco era o responsável, os pais começaram a se sentir incomodados perto do sorriso pintado de Robert e a se perguntar se as risadas que ouviam pela casa, em vez de pertencerem ao filho, não eram do amiguinho estofado com lã.

Pessoas próximas à família estavam preocupadas. O apego de Gene ao boneco não era normal, e a destruição que vinha com ele tinha de ser impedida. Convencida da influência negativa de Robert sobre seu filhinho, a família baniu o boneco para o sótão, embalado em uma caixa grande. Pouco tempo depois, uma tia faleceu de derrame e, ainda que ninguém acreditasse de verdade que o boneco teve algo a ver com isso, ninguém quis correr o risco — Robert voltou para o lado de Gene outra vez.

Funcionários do museu com frequência ouvem Robert rir atrás deles enquanto caminham pelos corredores que costumam ser silenciosos na hora de fechar.

Os pais de Gene faleceram, e ele continuou a morar na Casa do Artista com o companheiro de infância. Como toda a cidade sabia a relação dele com o boneco, algumas pessoas se perguntavam se Robert talvez não impedia que Gene se tornasse um adulto maduro. Crianças em idade escolar corriam da enorme casa na esquina da Eaton Street, com medo dos olhos vítreos de Robert no torreão.

Afinal, Gene se casou e se tornou um artista conhecido em Key West. Sua esposa Anne, contudo, não estava pronta para compartilhar a vida com o boneco que lhe dava arrepios, por isso, insistiu que Robert voltasse ao sótão. Gene cedeu à vontade da esposa, mas sabia que o boneco não desistiria do melhor amigo tão facilmente. Na calada da noite, o casal ouvia corridas no sótão e risadas desvairadas de criança ressoar pela casa. Amigos dos Otto pararam de visitá-los, com medo do que ouviriam ou veriam correr escada acima e seguir para o sótão. Conforme o casal envelhecia, o controle de Robert sobre os membros da família aumentava. Dizia-se que Gene passava a maioria dos dias no quarto de infância no torreão, brincava com Robert e mantinha a natureza maligna do boneco a distância.

Após a morte de Gene Otto, em 1974, a esposa colocou a Casa do Artista para alugar, com a condição de que o boneco permanecesse intocado no sótão. Histórias rodopiavam ao redor de risadas e passos misteriosos ouvidos no cômodo superior; o povo da cidade estava fascinado, ainda que assustado, com o que acontecia na grandiosa casa. Inquilinos nunca permaneciam por muito tempo; desconfortáveis em compartilhar o espaço com o boneco possuído, se mudavam bem depressa, tão logo se dessem conta de que o brinquedo poderia persegui-los. Diz-se que um encanador que trabalhou no sótão contou que o boneco riu às suas costas. Quando se virou, percebeu que Robert atravessou o cômodo. Ele afirmou não sentir medo, mas admitiu que é provável que algumas de suas ferramentas ainda estejam lá em cima. Fez bem.

Mesmo quando a casa esteve vazia, os vizinhos contaram histórias de "risinhos malignos". Também alegam ter visto o boneco correr de uma janela até outra no quarto do torreão para encarar quem passava na rua. Mais tarde, naquele ano, a casa foi vendida para Myrtle Reuter, que encontrou o boneco na caixa e o manteve junto de si como seu próprio "melhor amigo". Vinte anos depois, a sra. Reuter o doou para o museu Fort East Martello, e compartilhou histórias de como acreditava que Robert se movia pela casa por vontade própria. Conforme Robert se acomodava em seu novo lar, o notório boneco se transformou em celebridade.

Enquanto fica sentado em expositor especial, cartas de visitantes cobrem a parede atrás dele, se desculpando por desacreditar de seus poderes e relatam as subsequentes ondas de azar. Enquanto está ali, aparentemente à espera do próximo visitante, assusta aqueles que viajam para ver o boneco. Câmeras falham e aparelhos eletrônicos não funcionam direito se as pessoas não pedirem permissão para fotografar esse estranho brinquedo. Diz-se, porém, que se perguntar com educação, ele inclina a cabeça para o lado e lhe dá permissão para começar.

Diversos grupos de caça-fantasmas e a imprensa já tentaram desvendar o mistério de Robert. Investigadores da Sociedade Paranormal do Atlântico (TAPS, na sigla em inglês), durante a filmagem de um dos programas, relataram encontrar aura azul e roxa ao redor do boneco. Auras não são encontradas em volta de objetos inanimados, então como Robert conseguiu emitir energia suficiente para ser capturada em filme?

Funcionários do museu com frequência ouvem Robert rir atrás deles enquanto caminham pelos corredores que costumam ser silenciosos na hora de fechar. Em certas ocasiões, ouvem batidas e encontram a mão de Robert pressionando o vidro do expositor — será que é um cumprimento amigável ou um aviso? Há histórias de seu rosto passar do sorriso gentil para carranca de irritação e malevolência, encarando aqueles que zombaram do boneco cara a cara. Quando procuram Robert para responder a alguma pergunta, os visitantes do museu relataram sonhar com coisas terríveis, onde Robert lhes dá o que querem, mas da maneira mais assustadora possível.

O boneco sumiu algumas vezes, e foi reencontrado dentro do expositor, algum tempo depois. Quem sabe foi visitar a Casa do Artista, para ver como o antigo lar — agora pousada

— está. Se faz isso mesmo, talvez encontre o espírito de Anne, que dizem vigiar o quarto no torreão desde a partida de Robert. Hóspedes da pousada contaram aos funcionários que sentiram presença bondosa que cuidou deles no quarto enquanto dormiam ou que ouviram passos suaves, talvez de olho no retorno iminente de Robert.

Embora em exibição permanente no museu Fort East Martello o ano todo, o museu convida visitantes curiosos à exibição especial de seu artefato mais famoso todo mês de outubro, no Museu da Casa da Alfândega, sede da Sociedade das Artes e História de Key West. Durante esse mês, diz-se que o boneco fica mais ativo, tanto, que os funcionários do museu deixam balas de hortelã dentro do expositor para incentivá-lo a se comportar bem e não conseguem explicar porque algumas balas sumiram durante a noite. Será que Robert curte um docinho?

A Ilha das Bonecas

Uma ilha no emaranhado de canais no distrito de Xochimilco, ao sul da Cidade do México, é onde os pesadelos bebericam uma margarita antes de voltar ao trabalho. Milhares de bonecas, com membros perdidos ou substituídos pelo braço ou pela cabeça de alguma outra, balançam com delicadeza ao vento suave e recebem visitantes com seus olhos mortos. As árvores estão repletas de corpinhos pendurados em glória mutilada, oferenda à menininha que se afogou nos canais ao redor do lago Teshuilo, na década de 1920.

Don Julian Santana Barrera, que se recolheu à ilha deserta no final da década de 1950, fez daquela língua de terra seu refúgio para escapar da pressão da família e da sociedade. Lá, aprendeu com os mais próximos as lendas sombrias da menina que sucumbira às águas e morrera enquanto brincava com

amigos; que seu espírito continuou a brincar nas margens do canal, se recusando a passar para o outro lado. Sozinho na ilha, Barrera ouvia a voz da criança morta. A menina solitária pediu que encontrasse bonecas para ela brincar. Dentro em pouco, revirou os canais e retirou das águas bonecas descartadas e indesejadas enquanto flutuavam a esmo, e revirava aterros sanitários nas raras viagens que fazia ao continente, para mantê-la feliz e evitar enlouquecer.

Por cinquenta anos, Barrera levou bonecas para a menina fantasmagórica, e acreditou que a voz sussurante agora o protegia dos espíritos que invadiam as bonecas. Com as cabeças girando nos nós das cordas ou dos postes em que empalara os corpos macios, as bonecas agora torturavam Barrera em vez de apaziguar o espírito da criança. À medida que a floresta reivindicava os corpos de brinquedo, elas se desintegravam sob o clima rigoroso. Bolhas de sol marcavam os rostos de plástico ao mesmo tempo em que o mofo se prendia ao tecido dos vestidos e apodrecia qualquer resquício de amor que outrora se apegara à boneca pelo abraço de uma criança tempos antes. Aranhas invadiram as cabeças ocas, e seus ninhos preencheram as cavidades dos olhos arrancados por pássaros ou perdidos nas correntes do canal. Agora, era essas vozes que Barrera ouvia com mais frequência do que a da menina afogada. Vozes chamavam por ele, para que se juntasse a elas nas profundezas sob os redemoinhos lamacentos do canal.

A ilha foi esquecida com o tempo. Barrera continuou a construir ali seu lar com as bonecas, até erigiu uma pequena cabana para proteger as mais estimadas delas das intempéries e, ao mesmo tempo, deixar a menina fantasma feliz e apaziguar os espíritos malignos. Em 1990, a área foi declarada patrimônio cultural e o tráfego fluvial ao longo do canal retomado, passando pela ilha. Logo a ilha se tornou conhecida como La Isla de las Muñecas (A Ilha das Bonecas). Quem passou por lá ouviu vozes conforme, e afirma que elas vinham das bonecas enquanto que encaram os intrusos dos poleiros nas árvores.

Em 21 de abril de 2001, Barrera e o sobrinho Anastasio pescavam na ilha. Depois de ir cuidar de algumas tarefas, Anastasio retornou mais tarde e encontrou o tio na água, com o rosto virado para baixo; flutuava no mesmo canal onde a criança se afogara anos antes. Boatos dão conta de que seu espírito vaga pela ilha, enfim acompanhado da menina de quem cuidou tanto tempo.

A ilha é aberta a visitantes para que caminhem ao longo do antigo santuário. Anastasio recebe qualquer um que faça a longa viagem e queira ouvir as histórias de como as bonecas parecem ganhar vida depois que o calor do dia se extingue, as vozes impelidas por sobre as águas — pedindo que você se junte a elas.

CAPÍTULO 03

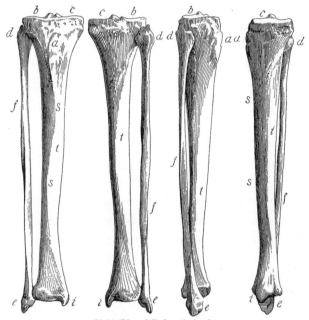

Right tibia and fibula articulated.

Nada pode estar mais intimamente ligado às pessoas do que seus próprios ossos. Objetos sobrenaturais, como crânios, continuam na atividade por muito tempo depois de o corpo esfriar. Ossadas que não quiseram permanecer nos túmulos às vezes arrumam formas de aparecer nos lares ancestrais da Inglaterra. Com frequência, o último desejo do falecido está ligado a um local — retornar à casa que amava ou ao lar longínquo. Se movidos, crânios dão a conhecer seus descontentamentos com grandes ameaças de tempestade, poltergeist e gritos de perfurar os tímpanos.

Em alguns casos, o crânio se transforma em amuleto da sorte macabro para a família — na mesma linha dos corvos na Torre de Londres, cuja lenda afirma que contanto que estejam no terreno, o reino nunca vai cair. Os guardiões do crânio acreditam que estão protegidos de grandes perigos se o crânio permanecer em segurança dentro das quatro paredes da casa.

Crânios não são as únicas partes que criam confusão. Os caixões tombados de Barbados e da ilha Saaremaa, no Báltico, mantiveram os aldeões em alerta. Cada vez que abriam as criptas para depositar alguém ali, se deparavam com a tarefa de verificar se os cadáveres de antes tentaram se reunir aos vivos e fugir das tumbas de pedra. Como o suicídio se tornou um fator na história dessas criptas e por que a ciência não consegue resolver o mistério desses fenômenos de um século de idade?

Nos recessos mais profundos dos túneis subterrâneos de Paris se encontram as catacumbas dos mortos da cidade. Agora popular atração turística, visitantes afirmam experimentar mais do que um pequeno contato com a história. Eles podem ser acompanhados por espíritos com um pouco mais de *joie de vivre*.

Wardley Hall

O que foi encontrado na parede de uma mansão antiga no século XVIII assustou gerações de famílias que viveram nos confins de pedra de Wardley Hall. Quando a parede desmoronou, a caixa que abrigava um crânio sinistro caiu no chão e foi examinada. Um criado, que achou se tratar do crânio de animal, o jogou no fosso. Naquela noite, uma tempestade castigou Wardley Hall e o dono do casarão acreditou que o crânio gritou para ser devolvido à segurança de seu lar no interior das paredes. Ele pode ter ouvido falar a respeito da maldição do crânio que grita da mansão. De maneira sensata, mandou drenar o fosso no dia seguinte, e encontrou o crânio. Então voltou a guardá-lo no interior confortável da casa.

O horror desafia nossas fronteiras e ilumina nossas almas. — **Shirley Jackson**

O mistério do crânio tem início com a questão de nos ombros de quem estava em vida. Uma lenda conta que pertenceu a Roger Downes, monarquista do século XVII, cuja família viveu em Wardley Hall na época da Guerra Civil inglesa. De temperamento instável, jurou em uma noite de bebedeira em Londres matar o primeiro homem que encontrasse. Um alfaiate desafortunado foi assassinado no instante em que foi avistado, trespassado pela espada de Downes ao cruzar seu caminho. Downes foi preso e julgado por assassinato, mas logo o soltaram, dada a sua influência na corte. Não continuou em liberdade por muito tempo, porém: Downes voltou a visitar Londres pouco depois e escolheu desafiar o homem errado para um duelo na Ponte da Torre. O vigia da ponte decapitou Downes com um só golpe e jogou o corpo nas águas escuras do rio Tâmisa. A cabeça foi então enviada a Wardley Hall em caixa de madeira. Essa história, transformada em lenda, mais tarde foi refutada em 1779, quando o caixão foi aberto e a cabeça de Downes encontrada, firmemente, presa ao corpo.

Então de quem é a cabeça atrás dos painéis da parede de Wardley Hall e que causava tanta comoção? É mais provável que seja do padre Edward Ambrose Barlow, um monge beneditino. Francis Downes (filho de Roger) e a esposa eram católicos devotos em terrível desacordo com os Cabeças Redondas (apoiadores do Parlamento em grande parte puritanos e presbiterianos) durante a Guerra Civil. No entanto, em segredo, Downes permitia que Barlow rezasse a missa na capela.

Consideramos os rituais de morte selvagens apenas quando eles não são como os nossos. — **Caitlin Doughty**

Após eludir perseguidores religiosos por mais de duas décadas, Barlow foi descoberto na próxima Morleys Hall pregando a missa em 1671; foi enforcado e esquartejado por sua fé, e decapitado. A cabeça foi exibida ou na igreja de Manchester, ou no castelo de Lancaster, como alerta dos perigos de se opor àqueles no poder. Acredita-se que Francis Downes mais tarde recuperou o crânio e retornou para Wardley Hall a fim de escondê-lo na pequena câmara aberta nas paredes, para ser esquecido com o passar do tempo e proteger as inclinações religiosas de Downes.

Será que o crânio ainda está seguro dentro das paredes da mansão? Depois das histórias das noites desastrosas que a cabeça passou longe do casarão — inclusive enterro, cremação, ou esmigalhada em pedacinhos e então encontrada no dia seguinte no terreno, pronta para ser levada de volta para dentro —, teremos de esperar até a próxima vez em que os dedos de alguém coçarem de vontade de jogá-la fora.

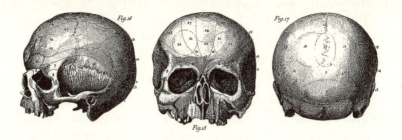

O Crânio de Bettiscombe

Uma das cabeças assombradas mais chamativas é o famigerado Crânio de Bettiscombe, alojado perto de Lyme Regis, Dorset, na Inglaterra. A história começa no final do século XVII, após a morte de um criado oriundo das Índias Ocidentais.

Havia boatos de animosidades entre o criado e o dono da mansão Bettiscombe, Azariah Pinney. As más-línguas insinuavam que os dois homens brigaram, e o criado saiu ferido e teria implorado no leito de morte para ser devolvido à terra natal e enterrado lá. Caso seu último desejo não se realizasse, amaldiçoaria a família. Talvez um pouco de remorso, talvez por não querer abusar da sorte, Pinney concordou. Depois da morte do criado, no entanto, sem querer arcar com as despesas de enviar o cadáver, Pinney ordenou o enterro do corpo no cemitério da igreja, não muito longe da casa. Pouco depois, a cidadezinha se viu às voltas com gemidos e gritos de angústia no cemitério. A pequena população local identificou o túmulo recém-coberto como a fonte do som e exigiu que a mansão assumisse a responsabilidade e transferisse o cadáver para sua propriedade. Desenterraram o corpo e o deitaram ao solo da mansão. Mesmo com repetidas tentativas de reenterrar o corpo, o resultado era o mesmo: gritos estridentes. Então, colocaram o cadáver bem no alto do celeiro, para apodrecer aos poucos. O esqueleto se deteriorou; o crânio, no entanto, permaneceu intacto. Dentro em pouco, tudo o que restou foi a cabeça abominável de um fantasma bastante infeliz.

O crânio finalmente se viu na escadaria que levava ao telhado da mansão, apesar de inúmeras tentativas de livrar a casa do crânio. Um morador, cansado dos guinchos intermináveis, o jogou em uma lagoa próxima, na esperança de que afundasse. Naquela noite, as janelas da mansão estremeceram com os gritos do crânio. Assim, na manhã seguinte, a lagoa foi dragada para recuperar a cabeça desagradável; e levaram-na de volta para a casa, resignados. Em outras ocasiões em que o crânio foi removido, a atividade paranormal que acompanhava a gritaria dentro da casa era tão prevalente que se tornou insuportável, e fez com que mais uma vez o crânio fosse devolvido ao interior das paredes. Talvez a lenda mais perturbadora seja da ocasião em que o crânio foi despejado dentro de um buraco profundo escavado na propriedade: na manhã seguinte, o crânio saíra por um túnel que ele mesmo abriu. Foi encontrado por jardineiros, a espera de voltar para dentro.

Também associada ao Crânio Que Grita da mansão Bettiscombe há a carruagem fantasma que sai da casa em disparada ao longo da estrada até a igreja onde o corpo fora enterrado. Os moradores se referem a esse fenômeno como a "procissão fúnebre do crânio".

Mas a ciência sempre estraga uma boa história. Na década de 1960, o professor Gilbert Causey, da Faculdade Real de Cirurgiões, examinou o crânio e declarou acreditar que, na verdade, era uma mulher, na casa dos vinte anos, do assentamento da Idade do Ferro de Pilsdon Pen, perto dali. Tão macabra quanto a história do crânio que grita, acredita-se que ela foi vítima de sacrifício para região prosperar, já que cabeças decapitadas jogadas dentro de poço eram às vezes oferecidas como tributo aos espíritos das águas.

O crânio é agora considerado amuleto da sorte para a casa. Para mantê-lo em segurança e diminuir a quantidade de noites insones, diz-se que é mantido dentro de caixa trancada na gaveta.

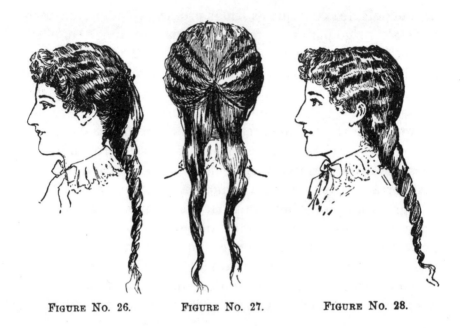

FIGURE No. 26.   FIGURE No. 27.   FIGURE No. 28.

Burton Agnes Hall

Não havia outro lugar como o lar para Katherine (Anne) Griffith. Após observar a magnífica mansão do pai em Yorkshire, Burton Agnes Hall, enquanto era construída entre 1598 e 1620, a garota crescera entre cada pedra assentada e cada cômodo mobiliado para refletir o gosto do final do período renascentista de Isabel I da Inglaterra. Uma de três irmãs, Anne caminhava com elas para visitar amigos, os St. Quintin, em Harpham, a menos de dois quilômetros da mansão. Perto de St. John's Well, foram atacadas e roubadas por bandoleiros: Anne, ao se recusar a abrir mão do anel da mãe, foi espancada com bastante violência. Carregada de volta para Burton Agnes Hall, Anne entrava e saía de delírios. Antes de morrer, cinco dias depois, fez com que as irmãs prometessem guardar parte dela consigo para sempre, pois queria "continuar em nossa linda casa enquanto ela durar". Tenho certeza de que ninguém esperava que seria o crânio sorridente de Anne, mas elas, não obstante, prometeram mantê-la em paz e serena, sem se dar conta de que "serena" era questão de interpretação.

Após a morte de Anne, renunciaram à promessa e enterraram o corpo intacto no cemitério da igreja. Dentro em pouco, barulhos estranhos irromperam no casarão, e tornaram a vida insuportável. Dizia-se que seu fantasma vagava por Burton Agnes, gritava, gemia e implorava para voltar para casa. Algumas semanas depois, o corpo de Anne foi desenterrado. Descobriu-se que embora o corpo tivesse se decomposto pouco desde a morte, o crânio fora cortado e destituído de cabelo e pele. Retornaram à mansão com o crânio, e o guardaram no armário, onde permaneceu, ao que parecia, satisfeito e tranquilamente feliz.

A morte é um mistério, e o sepultamento, um segredo. — **Stephen King**

Houve tentativas de remover o crânio ao longo dos anos. Em certa ocasião, reza a lenda, uma empregada, que não acreditava em disparates como cabeças assombradas, embrulhou o crânio em trapos e o jogou dentro da carroça cheia de repolhos que passava. Os cavalos pararam de supetão e se recusaram a andar até que a carroça fosse revistada e o crânio recuperado. Em outra ocasião, foi enterrado no jardim, mas o fantasma, agora conhecido como a "Velha Nance", retomou os lamentos infelizes até que o crânio fosse levado de volta para dentro. Depois disso, foi escondido dentro das paredes. A sociedade de Burton Agnes Hall está hesitante em acordar a morta ao procurar o crânio, acreditando que talvez ainda esteja dentro da grande mansão, e satisfeita em acreditar que o espírito de Anne aquietou-se, afinal.

Os Crânios de Calgarth

O preço da vista veio acompanhado de um plano para execução. O cenário bucólico do chalé dos Cook, próximo ao lago Windermere, Cúmbria, era o orgulho do casal de trabalhadores. Pobres, mas felizes, Kraster e Dorothy Cook viviam com poucos recursos e estavam contentes em cultivar a terra. Seu vizinho, Myles Phillipson, era latifundiário e magistrado rico. Durante anos, tentara que os Cook lhe vendessem o terreno para construir uma casa imponente e estender o latifúndio com os hectares adicionais. E durante anos eles recusaram.

A recusa virou Phillipson contra eles. Com sua esposa, tramou para se apossar da terra dos Cook. O magistrado os visitou uma semana antes do Natal, e disse que decidira construir a casa em outro lugar, e, para acertar as coisas, os convidou para celebrar o Natal. Os Cook, ainda que desconfiados, foram à festa, como gesto de boa vontade.

A festa foi magnífica. Não economizaram nada, pois a riqueza dos Phillipson estava exposta para os convidados. Grandes quantidades de comida, toalhas de linho suntuosas e a prataria da família decoravam a mesa. Como peixes fora d'água, os Cook conversaram pouco com os outros convidados, embora seja dito que os olhos de Kraster recaíram em um cálice de prata ao longo da noite. Depois do jantar, a festa passou para danças e jogos em outros cômodos, embora os Cook tenham permanecido na sala de jantar, nada ansiosos em se juntar aos demais para o bate-papo. Aguardaram um tempo apropriado para não ofenderem o novo amigo, e voltaram para casa.

Enquanto o sol nascia na manhã seguinte, soldados chegaram ao chalé com ordens de Phillipson para prender o casal pelo roubo do cálice de prata. Enquanto eram arrastados para fora da casa, um soldado exibiu o recipiente — provavelmente plantado enquanto revistavam o lugar — como prova de culpa. Separados por toda a semana seguinte, Kraster e Dorothy só se viram no tribunal, onde ouviram a acusação contra eles.

A esposa de Phillipson foi a testemunha principal da acusação: contou ao tribunal como os Cook admiraram o cálice e que discutira sua beleza com o sr. Cook no jantar. Em seguida, os criados contaram que o casal ficou para trás enquanto os outros deixavam a sala de jantar para aproveitar a festa. Os soldados que revistaram a casa atestaram que o cálice tinha sido encontrado na propriedade, e selaram o destino dos Cook. Roubo era crime punível por morte, mas como magistrado, Myles Phillipson poderia optar pela prisão e confisco das terras. Porém, escolheu silenciar os protestos dos Cook para sempre na forca.

Depois de arrastados para fora do tribunal, ficou registrado que Dorothy Cook disse: "Ouça o que digo, Myles Phillipson: aquele pedacinho de terra é o terreno mais caro que um Phillipson já comprou; você nunca mais vai prosperar, nem os seus, nem ninguém da sua família. E enquanto o forte bastião de Calgarth perdurar, nós vamos assombrá-lo dia e noite". Dias depois, ela e o marido morreram enforcados em Appleby.

Longas palavras são sussurradas para mim, mas ainda não sei o que me prende aqui. — **The Haunted**

Os Phillipson não perderam tempo em tomar posse de tudo: demoliram o minúsculo chalé e construíram a nova casa, Calgarth Hall, no lugar. Um ano se passara desde a morte dos Cook, o casal era esquecido conforme a neve cobria os túmulos e as lareiras aqueciam os novos donos da terra. Para comemorar o término da construção, um banquete de Natal foi planejado. Convidados apinhavam os cômodos para desfrutar da boa sorte dos anfitriões. A sra. Phillipson deixou a festa por instantes, e subiu a escada até seus aposentos para buscar uma joia. Após virar no corredor, encontrou os restos horrendos de dois crânios. Ordenou que os jogassem no pátio, voltou à festa achando era brincadeira de algum convidado insensível.

Ao longo da noite, gritos ao redor da casa acordaram os Phillipson, ainda que não conseguissem encontrar a origem do som. À medida que o amanhecer se aproximava, viram os dois crânios nos degraus da escada e, sem demora, os jogaram em lagoa próxima. Outra vez os gritos continuaram durante a noite seguinte, e de novo os crânios surgiram na escada pela manhã. Notícias da maldição se espalharam pelo vilarejo; os amigos e colegas de negócios evitavam os Phillipson, já que lembravam das últimas palavras de Dorothy Cook. A família outrora próspera caiu em desgraça — a vingança de Dorothy tomava conta de suas vidas. Depois da morte de Myles Phillipson, os crânios apareciam apenas duas vezes por ano — no Natal e no aniversário de morte dos Cook. Os herdeiros não conseguiram fugir do longo alcance da maldição. Certa vez, durante jantar festivo, as portas da sala de jantar escancararam e, reza a lenda, dois crânios rolaram pelo piso, assustaram os convidados e lembraram o anfitrião de que nunca mais seriam desprezados.

Anos se passaram e Calgarth Hall foi negligenciada; partes do casarão desmoronaram, pois a fortuna da família não conseguia dar conta do custo dos reparos. Apenas algumas partes da construção ainda estavam em uso no final do século xix, e relatos de que dois crânios jaziam no parapeito da janela em um cômodo quase esquecido comprovam a história.

Finalmente, o dr. Watson, bispo de Llandaff, que confiscou a propriedade, ordenou que os crânios fossem encaixotados e encerrados dentro das paredes. Um exorcismo aconteceu na esperança de livrar a casa das travessuras fantasmagóricas, mas os aldeões ainda afirmavam ver luzes estranhas e ruídos esquisitos na outrora magnífica Calgarth Hall. A casa está quieta hoje, e o brasão da homicida família Phillipson ainda é visível acima das antigas lareiras — lembrete de que o passado nunca é esquecido totalmente.

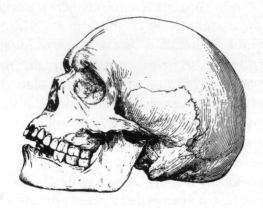

O Crânio Berrante de Chilton Cantelo

Os dias sombrios da Guerra Civil inglesa se estenderam para muito além dos dias dos vivos. Os atos realizados pelo movimento monarquista convenceram Theophilus Broome de que, após a morte, sua cabeça correria perigo de empalamento na estaca como aviso. Outrora seguidor de Carlos I, ficou horrorizado com a sanguinolência contra seus compatriotas e desertou para se juntar à causa dos Cabeças Redondas. Como traidor, sabia que, caso descoberto, seria usado de exemplo para que outros não agissem contra o rei. Anos depois, Broome no leito de morte, com um pedido estranho, fez a irmã prometer que enterraria seu corpo sem a cabeça, que a manteria segura em casa. Ele morreu em 1670, aos 69 anos. Ela atendeu ao pedido, e o crânio foi separado do corpo e permaneceu na casa de campo que dividiam.

Depois que ela morreu, a casa trocou de mãos, mas com a exigência de que o crânio permanecesse. Todas as tentativas de retirar a cabeça resultaram em protesto obstinado, expulsão de muitos proprietários como aviso para os próximos moradores. Afinal, um homem decidiu entrar em contato com a Igreja para que o crânio fosse devolvido ao corpo, e achou que isso acabaria com as perturbações. Quando o sacristão começou a escavar o velho túmulo, a pá quebrou ao meio, o que logo o convenceu de mau presságio. Como se recusou a continuar, o crânio permaneceu no antigo lar. Em 1826, reparos na casa levaram um dos trabalhadores a encontrar o crânio em um armário. Decidido que daria boa caneca para chá ou cerveja, o reivindicou para si como caneca até que o trabalho terminasse. O crânio nunca reclamou.

O crânio agora repousa no armário do outro lado da porta de entrada da casa de campo e é cuidado pelos moradores atuais.

Fazenda Tunstead

O que um crânio de séculos de idade, a construção fracassada de uma ponte férrea e poesia questionável têm em comum? Todos eles estão no centro da lenda do crânio da Fazenda Tunstead, conhecido afetusamente como "Dickie". Escondida na vila de Chapel-en-le-Frith em Derbyshire, Inglaterra, acredita-se estar a cabeça do antigo dono da fazenda, Ned Dixon. Conhecida como Fazenda do Dickie pelo histórico de atividade paranormal originado na enorme casa de pedra, a lenda começou com duas histórias: uma de assassinato e outra de apego resoluto ao último lar do crânio.

A primeira história da presença do crânio gira em torno de duas irmãs; cada uma delas amava o mesmo homem como também a Fazenda Tunstead, e sentiam relutância em abrir mão dos objetos de desejo. À medida que o drama familiar se transformava em violência, uma irmã tombou diante da outra, mas antes da morte jurou que não descansaria longe da fazenda. Sidney Oldall Addy escreveu sobre a lenda em 1895, no livro *Household Tales with Other Traditional Remains, Collected in the Counties of*

York, Lincoln, Derby, and Nottingham (Contos de Famílias com Outras Tradições, Compilados nos Condados de York, Lincoln, Derby e Nottingham): "E acontece que seus ossos são guardados na casa de fazenda na 'queijeira', que repousa na janela da escadaria. Se os ossos forem retirados da cuba, infortúnios recaem sobre a casa, barulhos estranhos são ouvidos à noite, o gado morre ou é acometido por doenças".

Na outra lenda, Ned Dixon chegou em casa depois de lutar na Guerra Civil inglesa para descobrir que relatos de sua morte foram um tanto exagerados. Seu primo e esposa se casaram, mantiveram a fazenda, e não estavam dispostos a abrir mão do controle da propriedade para Dixon só porque ele ainda respirava. Depois de o casal o assassinar, a fazenda passou por períodos estranhos: safras fracassadas, gemidos barulhentos ao redor da casa e a frequente aparição de um espírito. Ao apelar para a feiticeira local, foram aconselhados a desenterrar o corpo e levar o crânio para a casa a fim de aplacar o fantasma. Satisfeito, o fantasma permitiu que a casa permanecesse em paz durante alguns anos, e se transformou em seu guardião extraoficial.

Qualquer tentativa de remover o crânio da casa resultava em gritos aterrorizantes e batidas estrondosas nas paredes, embora continuasse a contribuir na gestão da fazenda de outras maneiras. Boatos dizem que ele avisava quando estranhos adentravam o terreno ou construções anexas. Batidas e pancadas também acompanhavam o nascimento de animais na fazenda, alertando os fazendeiros quando o rebanho precisava de ajuda.

À medida que o crânio passa de masculino para feminino na lenda, uma história o associa ao fantasma feminino. No início do século XIX, o arrendatário chamado sr. Lomax contou a história acerca da noite em que, sentado diante do fogo na cozinha com sua bebezinha no berço ali perto, observou enquanto a figura de uma mulher descia a escada e atravessava o cômodo para se debruçar sobre a criança. Achou que era uma nova criada e conversou com ela, apenas para vê-la desaparecer aos poucos. Dias depois, sua filha morreu.

Em 1863, Dickie, ao que parece, obrigou a Northwestern Railway Company a mudar os planos de conectar Buxton a Whaley Bridge, através do que se tornou a "Terra do Dickie". Enormes seções da fundação desmoronaram em mais de uma ocasião, partes da ponte desabaram e soterraram equipamentos. A companhia ferroviária desistiu, e moveu a linha mais para o norte. Conforme se espalhavam as notícias dos esforços do crânio para proteger as terras do que lhe pareciam invasores, a história influenciou o poeta Samuel Laycock a escrever para o espírito no *Buxton Advertiser* em 1870:

> Bom Dickie, fique na paz,
> Deixe o povo da ferrovia
> Trabalhar ali, meu rapaz.
> Não sê ruim, que mal havia?
> Morto, não te meta assim,
> Deixa o trabalho pra gente;
> Sai direito, vai por mim —
> Bom Dick, você consente?

Apesar de satisfeito por permanecer em seu assento, próximo à janela do quarto do andar de cima, durante décadas, em certas ocasiões o crânio deixou seu poleiro por meio de arrendatários fastidiosos da Fazenda Tunstead. Certa vez, foi jogado no reservatório Coombes, e em duas ocasiões enterrado na igreja de Chapel-en-le-Frith. Em cada um desses episódios, severas tempestades castigaram o vilarejo. Dickie também recebia a culpa por doença e morte de gado, quando a cabeça era removida. Quando recuperava-se o crânio e o devolviam ao parapeito, no quarto do andar superior, a paz se restabelecia.

Hoje, há rumores de que Dickie mais uma vez foi expulso do nicho. Será que o crânio vingativo da Fazenda Tunstead voltará para o antigo lar e protegerá sua propriedade, ou será que finalmente encontrou a paz e está contente em permanecer quieto pela primeira vez em séculos? Apenas Dickie sabe com certeza.

Caixões Rolantes

Por falar em mortos inquietos... Caixões robustos, de madeira ou metal, para abarcar restos mortais dos falecidos, não são propensos a serem jogados de um lado a outro. Ainda assim, há relatos de diversos lugares ao redor do mundo em que alguns deles tentam escapulir. Até hoje, não existe explicação razoável para essas excentricidades. Alagamentos foram excluídos das histórias seguintes devido à falta de perturbação no chão da câmera mortuária, enquanto outras criptas se encontram muito acima do nível do mar. Terremotos de menor intensidade que poderiam expulsá-los de seus lugares de repouso não abalaram outras criptas na mesma área dos cemitérios. Então qual é ligação? Pode ser o tema angustiante do suicídio.

A CRIPTA DOS CHASE

A prosperidade de abastados donos de plantações nas Índias Ocidentais no século XIX levou à construção de mausoléus elaborados. A família Walrond originalmente construiu o que hoje é conhecido como Cripta dos Chase, em Christchurch, Barbados. Em parte escavada no solo, paredes de coral, concreto e pedra protegiam a cripta de tempestades futuras que poderiam assolar o exterior, ainda que fizessem pouco para proteger os futuros habitantes da tempestade por vir. Uma enorme laje de mármore guardava a única maneira de entrar na tumba, que esperava pelo primeiro ocupante da cripta.

Em 1808, a cripta foi vendida ao coronel Thomas Chase, homem de reputação cruel tanto com a família quanto com os escravos. Uma parente de Chase, Thomasina Goddard, foi a primeira a ser enterrada lá, em caixão de madeira. Pouco depois, a filha de dois anos de Chase, Mary Anna, foi posta para descansar em fevereiro de 1808, vítima de doença. Quatro anos mais tarde, a irmã mais velha de Mary Anna, Dorcas, também foi para lá. Boatos espalhados pela comunidade muito unida diziam que Dorcas fez greve de fome e morreu, em resposta à brutalidade do pai. Pouco tempo depois, um homem que trabalhava no sepulcro abriu a pesada porta e encontrou o pequeno caixão de Mary Anna em pé, de ponta-cabeça, no canto. Apesar de não haver sinal de que alguém mexeu na laje no lado de fora, a família ultrajada supôs de imediato que aquilo era uma brincadeira. Arrumaram o caixão na posição anterior, recolocaram a porta de mármore no lugar e seguiram com suas vidas.

O corpo do coronel Chase seguiu o de Dorcas para o interior da cripta após a morte, poucas semanas depois. Ao moverem para o lado a pesada porta, ficaram horrorizados: lá dentro, encontraram os três caixões, que antes repousavam de costas, espalhados pela câmara de 3,60 m por 1,80 m. Depositaram o caixão de chumbo de aproximadamente 110 quilos, e endireitaram os outros caixões, com o de Mary Anna em cima de um dos caixões maiores, e recolocaram a laje de mármore no lugar, selando-a com concreto para protegê-la de quaisquer tentativas de vandalismo ou roubo de túmulos.

Do lado de fora, a Cripta dos Chase não voltou a ser perturbada até 1816, quando os corpos do jovem Samuel Brewster Ames, em setembro, e de Samuel Brewster, em novembro, se juntaram à família. Em ambos os casos, os caixões estavam tombados no chão, ainda que a areia abaixo deles não estivesse remexida.

Os habitantes da ilha começaram a sussurrar a respeito de "duppies",[1] ou espíritos do mal. Será que a família reagia à presença de Chase e queria ficar o mais longe possível, ou será que o espírito inquieto de Dorcas criava tamanha força que a dor do suicídio se manifestava na habilidade de mover caixões tão pesados? O medo começou a dominar a imaginação de uma cultura com raízes firmes na superstição.

Quando o enterro seguinte aconteceu, em julho de 1819, o governador inglês de Barbados, lorde Combermere, estava lá com a esposa e outras pessoas para inspecionar a tumba. A gigantesca laje de mármore foi afastada para revelar os caixões outra vez espalhados em volta do pequeno recinto. A sra. Combermere escreveu mais tarde:

"Na presença de meu marido, cada pedaço do piso foi examinado para assegurar que não havia passagem ou entrada subterrânea oculta. Era perfeitamente firme e sólido; não havia sequer fissuras aparentes. As paredes, quando examinadas, provara-se perfeitamente seguras. Nenhuma rachadura era visível e as laterais, juntamente do telhado e piso, apresentaram estrutura tão sólida como se feita de lajes inteiras de pedra. Os caixões deslocados foram rearranjados, o novo ocupante daquela morada lúgubre foi depositado e, quando os enlutados se retiraram com o cortejo fúnebre, o piso foi coberto por areia branca e fina, na presença do lorde Combermere e da multidão reunida. A porta foi deslizada para a posição habitual e, com

---

[1] Do patoá jamaicano, significa fantasma ou espírito. [NT]

o máximo de cuidado, a nova argamassa foi aplicada. Quando os pedreiros terminaram, o governador fez inúmeras impressões na mistura com seu selo, e muitos dos presentes acrescentaram marcas pessoais na argamassa úmida..."

Nove meses depois, o selo foi quebrado por ordem de Combermere. Centenas de testemunhas chegaram para ver se os caixões estavam desalinhados. Quando a laje foi afastada, poucos ficaram surpresos ao ver que os caixões da família Chase tinham sido espalhados pela câmara. O caixão de chumbo de Dorcas os recebeu inclinado contra a porta. Alguns caixões foram movidos com tanta violência que havia talhos na parede de pedra onde bateram antes de cair na areia macia e intacta.

A Cripta dos Chase permanece vazia hoje em dia, sem outra atividade paranormal relatada.

"[...] Examinei as paredes, o arco e todos os cantos da cripta, e todas as partes pareciam antigas, e iguais, e um pedreiro, em minha presença, bateu em cada pedaço das seções inferiores com o martelo, e tudo estava sólido. Confesso não poder explicar os movimentos dos caixões de chumbo. Ladrões com certeza não fizeram aquilo; e quanto a alguma brincadeira ou embuste, seriam necessárias muitas pessoas com conhecimento do segredo para que permanecesse desconhecido; e quanto aos negros terem algo a ver com isso, seus temores supersticiosos dos mortos e tudo que pertence a eles impedem qualquer ideia desse tipo. Tudo o que sei é que isso aconteceu e que sou testemunha ocular do fato [...]", disse o juiz Nathan Lucas, em 18 de abril de 1820.

A família ganhara notoriedade suficiente por causa de Dorcas, e ordenou a remoção dos caixões e seu reenterro em outras áreas do cemitério. A Cripta dos Chase permanece vazia hoje em dia, sem outra atividade paranormal relatada.

BUXHOWDEN

Na ilha de Oesel, hoje conhecida como Saaremaa, no mar Báltico, se encontra a cripta da família Buxhowden (também grafado como Boxhoewden). Estrondos nas profundezas da tumba em 1844 foram supostamente altos o bastante para assustar cavalos amarrados ali perto. À medida que os ruídos continuavam, as autoridades abriram a cripta. No interior, encontraram caixões amontoados no chão, com um deles repousando em cima de outro, ainda que três dos caixões estivessem no lugar, com os corpos de uma idosa e os de duas criancinhas. Para evitar outro incidente parecido, prateleiras de ferro foram afixadas às paredes e os caixões errantes presos com firmeza no lugar. Cinzas foram então espalhadas pelo chão, para as pegadas, e a porta trancada e selada, para proteger a cripta de mais brincadeiras externas.

Os aldeões estavam convencidos de que o Diabo fez os mortos dançarem porque apenas os menos corruptos permaneceram no lugar. A mulher fora devota religiosa antes de morrer, e as crianças eram jovens demais. O povo da cidade requisitou uma comissão para investigar os caixões sobrenaturais, e para livrar a cidade do estorvo; mas, antes que o veredicto fosse determinado, outro Buxhowden faleceu e precisou ser enterrado. Os homens romperam o selo e abriram a porta para revelar os mesmos caixões espalhados em volta da pequena cripta, alguns de cabeça para baixo e encostados nas paredes de pedra, embora as cinzas estivessem intactas. Ao observar o caixão com tampa que parecia ter sido forçada, foi possível notar um braço despontar do caixão. O corpo pertencera ao suicida que cortou a própria garganta com a navalha — a lâmina estava agora em sua mão, de acordo com as testemunhas. Suicidas não podiam ser enterrados no terreno da igreja; a família esperara enterrá-lo sem muitos questionamentos de como morrera, embora pareça ter havido alguma resistência por parte dos outros ocupantes da cripta. Os corpos foram colocados em novos caixões, e reenterrados em lugares separados. A tumba permanece tranquila desde então.

As Catacumbas de Paris: O Império dos Mortos

É difícil imaginar que não haveria fantasmas zanzando pelos quilômetros de túneis das famosas catacumbas nos subterrâneos de Paris. Aqueles que visitaram as tumbas relataram a impressão de ser observados ou seguidos, e até mesmo sensação de estrangulamento. Figuras obscuras disparam por entre pilhas de ossos, talvez relutantes em partir desta para a melhor.

Como esse incrível monumento do destino evoluiu? Sua história remonta às pedreiras de calcário a céu aberto, escavadas pelos romanos nas periferias de Paris em 60 a.C. Conforme a necessidade de mais materiais de construção aumentava, equipes abriam túneis profundos no subterrâneo. Em 1180, uma rede de túneis foi utilizada como fonte de material usado para fortificação até o final do século XVIII, quando o peso da cidade resultou no desabamento de alguns túneis, o que forçou o seu fechamento.

Paris tinha outro problema, contudo. Antes da ascensão do cristianismo, a cidade enterrava seus mortos nas periferias da cidade, o que protegia os moradores de doenças e cheiro de podridão. À medida que a Igreja aumentava em importância, os paroquianos passaram a ser enterrados dentro dos limites dos adros e nos confins dos cemitérios municipais. O *Cimetières des Innocents* (O Cemitério dos Inocentes) em certo período acomodou mais de trinta gerações de mortos da cidade. Paris ficava sem espaço.

> *Sabemos o que realmente são os fantasmas: negócios pendentes.* — **Salman Rushdie**

Visto que parte da renda da Igreja vinha do alojamento dos mortos, ela não dispensava os corpos que apareciam diante de sua porta. Por volta do século XII, o terreno nos adros menores ocupava-se com bastante rapidez, e, proporcionalmente, covas maiores foram abertas para enterrar os corpos daqueles que não podiam arcar com jazigo particular, e em vez disso eram depositados em túmulos coletivos. Quando uma cova enchia, outra era escavada nas proximidades, até também ser preenchida. No Cemitério dos Inocentes, acredita-se que os corpos se acumularam até o terreno se erguer mais de três metros acima da estrada. Incapazes de suportar o peso do solo conforme as covas comunitárias se avolumavam, as paredes de alguns cemitérios logo desmoronaram, e expuseram os corpos que rolavam rua abaixo. Doenças se espalharam pelas vizinhanças por conta dos corpos apodrecidos envenenarem os poços artesianos nas cercanias, e os vermes aproveitavam para se alimentar dos restos macabros. Os vivos morriam como resultado da proximidade com os cemitérios superlotados, e a cidade teve que decidir o que fazer com os mortos para sobreviver.

Em 1786, os oficiais decidiram transferir os ossos — todos eles — para as pedreiras abandonadas que cruzavam as regiões inferiores da cidade. Os ossos foram retirados das covas comunitárias em abril daquele ano. Sempre na cobertura da noite e acompanhados por cortejo de padres que entoavam a missa fúnebre, caminhavam atrás das carroças que carregavam os ossos cobertos. Demorou dois anos para transportar gerações de restos mortais de parisienses.

Desde o início, as catacumbas se tornaram atração turística macabra para os curiosos. O lorde d'Artois, que mais tarde foi coroado Carlos x, acompanhado de damas da corte, visitou as tumbas em 1787. A princípio, local conveniente para depositar ossos, as catacumbas foram organizadas em 1810 sob a supervisão de Louis Etienne Hericart de Thury. Depois que as paredes foram decoradas com arcos e símbolos artísticos juntamente de quaisquer decorações que conseguiu encontrar nos cemitérios originais, as cavernas se tornaram atração turística. Conforme o lugar se transformava em combustível para pesadelos, Francisco I da Áustria e Napoleão III, além de dezenas de parisienses, desafiavam os túneis úmidos pare ver os restos mortais.

Depois de breve período de reconstrução, em 2005, as catacumbas voltaram a ser abertas para visitação. Os visitantes podem perambular pelos túneis e esperar que o passado os cumprimente cara a cara enquanto entram nos túneis para ser recebidos pela placa: *Arrete! C'est ici l'Empire de la Mort* — "Pare! Aqui é o Império dos Mortos". Você não pode dizer que não foi avisado.

CAPÍTULO 04

As coisas que temos em nossas casas dizem muito sobre o que consideramos importante. Quer nosso espaço seja atulhado, quer seja esparso como as fotos de uma revista, a mobília e os colecionáveis que escolhemos exibir são vislumbre de quem somos e o que acreditamos ser especial — mesmo que esses itens tenham vida própria. Um vislumbre do passado por um espelho sobrenatural ou o grito residual de voz há muito falecida emana da armadura e nos obriga a lembrar que também compartilham nosso espaço. Durante esse momento cuidadoso, nós paramos para reconhecer alguém cuja lembrança desvaneceu. A ciência ainda não é capaz de discernir o que há por trás do mistério, portanto observamos... e esperamos.

Muitos dos nossos colecionáveis são lembranças tangíveis daqueles que amamos ou com quem tivemos conexão por família ou localização. Enquanto fantasmas fazem trapalhadas cômicas, a possibilidade do último adeus pela fotografia da criança amada ou da melodia da música ouvidas na antiga mansão revela que nunca estamos tão sozinhos quanto pensamos. Alguns fantasmas não sentem timidez em deixar claro o descontentamento se seu objeto favorito é retirado do lugar de preferência. Às vezes, outros fantasmas se demoram e esperam pelo momento de ser lembrados — talvez sem perceber de que é hora de se despedir.

Este é o retrato de Veronica Apple no qual a mãe viu seus lábios se moverem. Cortesia de Theresa Apple.

O Amor Nunca Morre

Ainda que muitos vórtices e esferas possam ser explicados pela ciência, o que dizer da pequena porcentagem de fenômenos que não podem ser atribuídos ao brilho do sol ou à presença inesperada de insetos na foto? E se você sentisse que seu amado tenta se comunicar com você pela própria fotografia? Eu conheci Todd e Theresa Apple durante evento em Winchester, Virgínia, em outubro de 2012. Enquanto meu parceiro investigativo paranormal e eu descrevíamos os fundamentos básicos da assombração fantasmagórica, o casal e seus dois filhos se destacaram do restante enquanto repassávamos os procedimentos e tentávamos captar algum fenômeno da voz eletrônica na pequena cabana do século XVIII. Interessados, inteligentes e diretos ao me contar a história da filha, Veronica, que falecera depois de complicações cirúrgicas devido à cardiopatia congênita, percebi serem absolutamente sinceros.

"Veronica morreu em 16 de agosto de 1997, em Baltimore, Maryland, no Johns Hopkins Hospital. Tinha três anos e meio. Ninguém achava que ela morreria; na verdade, um dia antes, os médicos disseram a Todd que estava melhorando, e que esperavam transferi-la da UTI para um quarto particular naquele fim de semana. O hospital não notou uma infecção fatal, que se originou no tubo do cateter, e Nica morreu de infecção causada por bactérias pseudômonas. Ainda não sabemos como conseguimos voltar de carro para a casa em Sterling, Virgínia, viagem de mais ou menos 130 quilômetros. Não nos lembramos de nada dessa viagem", contou a mãe, Theresa.

"Estávamos em choque, é claro, e depois de algumas ligações para avisar amigos e familiares, sentamos nos degraus da entrada do vestíbulo. Sabíamos que a família estava a caminho, mas a maioria mora na Califórnia, então demoraria horas para chegarem. Naquela época, a foto estava no patamar que leva ao andar superior da casa. Três coisas estranhas aconteceram em pequeno intervalo de tempo e a primeira tem relação com o retrato. Nós olhamos para ele — os dois — e conseguimos ver que os lábios mexiam. Nenhum de nós conseguiu entender o que dizia, mas parecia bem claro que Nica tentava falar conosco e nos contar algo. É verdade que havia toda a exaustão, e o choque da perda, mas não somos pessoas excessivamente emocionais; nós dois somos muito equilibrados, e não temos qualquer propensão em ver o que não está ali. Isso continuou algum tempo, em torno de meia hora. Só nós estávamos presentes no cômodo e de modo estranho, o telefone não tocou durante esse período, apesar dos muitos telefonemas que recebemos de diversas pessoas conforme sabiam da notícia. Isso parou mais ou menos na hora que decidimos ir até o mercadinho local comprar sabão em pó para tirar as manchas e o cheiro deixados pelos procedimentos em nossas roupas.

"A segunda coisa aconteceu quando voltamos do mercado e novamente nos sentamos nos degraus de entrada. Um gaio-azul apareceu bem na nossa frente. A cor do pássaro era quase da mesma cor do vestido de brim que Nica usava na foto. Tínhamos visto cardeais na área antes, mas nunca um gaio-azul, que pulou bem na nossa frente e chegou bastante perto antes de sair voando.

"O terceiro evento aconteceu no dia em que enterramos Nica. Ela adorava água e sempre pedia água, apesar de não poder beber muito por causa da medicação. Apesar de longo período de seca, no dia em que a enterramos, nós estávamos sozinhos ao lado da cova enquanto a abaixavam, e começou a chover. Coincidência, talvez."

Não houve mais atividade com a foto desde aqueles primeiros dias dolorosos. Eles acreditam que a fotografia deve ter sido o jeito de Veronica se despedir dos pais que ainda a amam.

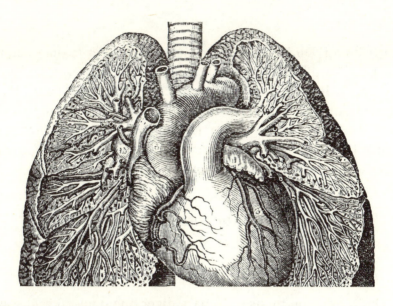

Sawston Hall e o Fantasma de Maria Sangrenta

Os disparates da política de hoje não são nada comparado ao que a Inglaterra suportou dos Tudor. Após a morte do rei Henrique VIII, em 1547, seu jovem filho, Eduardo VI, ascendeu ao trono com a ajuda demasiada entusiástica do tio, Eduardo Seymour, duque de Somerset, e depois com auxílio de seu sucessor, após a infeliz separação da cabeça de Seymour do pescoço, por John Dudley, duque de Northumberland. Conforme os homens mais velhos competiam por posições dentro da corte, as jovens meias-irmãs de Eduardo, as princesas Maria e Isabel, mantinham um pé na Inglaterra e o outro pronto para fugir do machado do carrasco.

Eduardo VI foi acometido por doença aos 15 anos, e Dudley viu a chance de ganhar o poder. À medida que a tuberculose tomava o corpo de Eduardo, Dudley persuadiu o rei adolescente a nomear como sucessora a prima — e mais nova cunhada de Dudley — Joana Grey. Convencido de que a meia-irmã Maria, católica, levaria o país à ruína, Eduardo concordou. Após a morte do rei, Dudley não demorou a estabelecer Joana e seu filho, Guildford Dudley, como monarcas da Grã-Bretanha. Ficou em sinuca de bico, porém, em relação ao que fazer com Maria e Isabel. Ambas tinham reivindicações legítimas ao trono, pois eram irmãs do rei, e seus partidários poderiam se tornar problema. Dudley tomou ações preventivas e se livrou das garotas antes que pudessem estragar seus planos.

> *Nunca encontrei um ateu em uma casa mal assombrada.* — **Lorraine Warren**

Dudley enviou mensagem para dizer que o jovem rei estava fragilizado, e convocou Maria e Isabel ao castelo, para prender — e então decapitar — as duas com o mínimo de estardalhaço. Isabel, a mais perspicaz entre elas, pressentiu a armadilha e se recusou a ir. Maria, ao ver o futuro como rainha ao seu alcance, partiu de imediato para Londres.

À medida que a princesa se aproximava da capital, soube da traição de Dudley. Refugiou-se com amigos, os Huddleston, em Sawston Hall, perto de Cambridge. Lá, Maria descansou no Quarto das Tapeçarias e aguardou. Dudley enviara o filho Roberto com trezentos homens para capturar a princesa. Ao raiar do dia, um guarda em cima do telhado de Sawston soou o alarme para acordar a família e se prepararem. Maria, disfarçada de criada, foi tirada de casa por sir John Huddleston, que a fez cavalgar atrás de um dos cavalariços. Escapou antes que a cavalaria atacasse a mansão, e observou as tropas queimarem a estrutura. Maria jurou devolver a casa à antiga glória para recompensar os Huddleston pela bondade assim que fosse coroada.

Maria retornou a Londres em seus próprios termos e se livrou de John Dudley, duque de Northumberland. Lady Joana Grey e o marido, Guildford Dudley, também foram decapitados, para não haver mais reivindicações ao trono nem riscos dos partidários de Grey se armarem contra ela. Maria Sangrenta começara seu reinado com célere vingança.

O Quarto das Tapeçarias, assim chamado graças ao conjunto de tapeçarias flamengas que pendiam das paredes do quarto, e onde Maria passou a noite agitada, ostenta enorme cama com dossel poupada das chamas que destruíram outras partes da casa. Reza a lenda que, quando as pessoas passam a noite nesse quarto, algumas ouvem três batidas lentas na pesada porta, que então se abre e revela mulher vestida de cinza, flutuando pelo quarto até entrar na tapeçaria.

A cama, que se supõe foi usada por Maria, é a mesma que visita com frequência quando faz as rondas fantasmagóricas. A mulher que dormia ali foi despertada ao ouvir respiração pesada vinda de fonte desconhecida ao lado. Mais tarde, um homem foi acordado depois de batidas na porta e chacoalhar furioso nos trincos. Nenhum deles se sentiu ansioso para dormir naquele quarto de novo.

O pesquisador britânico Hans Holzer passou a noite na cama assombrada para saber mais do fantasma irrequieto. Ajustou o alarme para as 7h da manhã, mas acordou com o alarme às 4h, às 5h e então às 6h. A cada vez, o som o alertou de a tranca da porta ser erguida como se alguém estivesse prestes a entrar no quarto. Ele sentiu que a presença era mais protetora do que alarmante.

Maria também era pianista talentosa antes da morte na epidemia de influenza, em 1558. Será que a música ouvida de tempos em tempos ao redor da mansão é assombração residual sua tocando um antigo virginal?[1]

---

[1] Instrumento de cordas da família do cravo. [NT]

Fúria de Noiva

A Mansão Baker, agora lar da Sociedade Histórica do Condado de Blair, em Altoona, Pensilvânia, abriga um fantasma com problemas para controlar a raiva. Elias Baker e a família se mudaram para a região depois de comprarem a companhia Allegheny Furnace em parceria com o primo de Baker, Roland Diller, em 1836. Mudaram-se de uma "mansão bastante tolerável", depois de comprar a parte de Diller em 1844. Baker contratou Robert Cary Long Jr. a fim de projetar uma casa magnífica para exibir a grande riqueza obtida como barão do ferro. Em 1845, começaram os trabalhos na mansão em arquitetura grega de três andares e 28 cômodos, com seis enormes colunas jônicas caneladas no deque frontal. Contudo, devido a complicações, a casa foi terminada apenas em 1849.

Durante o período, Baker criou os filhos David, Woods, Sylvester e Anna, com a esposa Hetty. Anna chegou à idade adulta, e, como filha de homem próspero, pôde escolher dentre grande quantidade de pretendentes. Naturalmente, se apaixonou, de acordo com o pai, pelo errado. Elias Baker a proibiu de casar com um metalúrgico. Anna então jurou que nunca se casaria, e tornou-se solteirona. Cuidou do irmão Sylvester em casa até a morte, em 1914.

Depois que a Sociedade Histórica do Condado de Blair tomou posse do casarão, o vestido de noiva usado por Elizabeth Dysart Bell — filha de proeminente homem de negócios que supostamente usou o mesmo vestido que Anna escolhera para as núpcias — foi colocado em expositor de vidro no quarto de Anna. Reza a lenda que visitantes e funcionários do museu viram o vestido balançar com suavidade ou sacudir com violência dentro do expositor em noites de lua cheia. Supõe-se que a sombrinha e os sapatos também no expositor mudavam de posição. O vestido foi desde então retirado e guardado em segurança para evitar que se deteriorasse ainda mais.

O ataque de ciúme de Anna não é a única atividade paranormal na mansão. Seu irmão, Sylvester, também foi visto pelos corredores, a bengala contra o chão e os pés pisando forte, e, o que acreditam ser a própria Anna, foi vista na sala de estar e nos quartos do segundo andar. Porões são bastante horripilantes, mas existem relatos de gritos na câmara fria onde o corpo do irmão de Anna, David Woods, foi guardado nos meses frios de 1852 depois da morte, em acidente no barco a vapor. Com a terra congelada demais para ser escavada para o enterro, a família manteve David por perto até o degelo de primavera. Pode ter sido perto demais, contudo, visto que barulhos de batidas e pancadas subiam do porão. Diz-se que os espelhos refletem figuras fantasmagóricas, e a caixinha de música toca melodia simples, as engrenagens giram como se acionadas por mão invisível. Eu me pergunto se é a marcha nupcial para a pobre Anna.

Não se Consegue Manter uma Velha Mulher em Silêncio

Aconchegada na curva do rio James, no sul da Virgínia, está a mansão colonial do século XVIII Shirley Plantation. Parte dos primeiros anos da colônia inglesa, a colonização da terra por Thomas West começou em 1613, para o cultivo de tabaco, seis anos depois da chegada de navios na vizinha Jamestown, e sete anos depois que os peregrinos tropeçaram na rocha de Plymouth.[2] Passada para Edward Hill I em 1638, a fazenda foi construída e a terra assegurada para as gerações futuras. A construção da

---

2 A rocha de Plymouth marca o local onde William Bradford e os peregrinos que fundaram a colônia de Plymouth desembarcaram do navio Mayflower. Está marcada com a data da chegada do navio: 1620. [NT]

Casa Principal começou em 1723 por Edward Hill III após o casamento da filha, Elizabeth, com John Carter, o filho mais velho do influente e abastado Robert "King" Carter. Demorou quinze anos para terminar a construção da mansão, pois não foram poupados gastos para a estrutura resistir ao tempo.

Muitos dos móveis originais foram preservados no edifício, visto que a Shirley Plantation ainda é propriedade, mantida e ocupada por descendentes de Edward Hill I, que a transformaram no negócio de família mais antigo da América do Norte. A impressionante Casa Principal de três andares de tijolos suportou ataques de índios, a Rebelião de Bacon, a Guerra da Independência e a Guerra Civil com estilo, graça e pelo menos um fantasma melindroso. Na época da Guerra Civil, a casa foi hospital de campanha, e o general McClellan transportou mais de 8 mil feridos e moribundos para fora da Virgínia ao usar a proximidade da Shirley Plantation com o rio James para levar os homens aos navios e de volta para o outro lado das linhas do Exército da União.

Na coleção de retratos de família existe uma mulher com adoráveis cabelos castanhos afastados do rosto em cachos suaves e queixo forte. Os olhos escuros parecem fitar diretamente o espectador, embora não como convite para aprender mais coisas de si, mas para alertá-lo para que não se intrometa. Acredita-se que o retrato seja da irmã ou filha de Edward Hill III, Martha, que partiu para a Inglaterra, para estudar e em seguida se casar, embora o retrato tenha permanecido no quarto do andar superior da Shirley Plantation durante anos. Logo, o retrato passou a ser conhecido como "tia Pratt". Enquanto os cômodos eram reformados uma geração mais tarde, ele foi retirado da parede e guardado no sótão.

Tia Pratt não gostou de ser ignorada. Em pouco tempo, sons, descritos pela família como "incômodo enorme" na forma de cadeira balançada com fúria, passaram a vir do sótão. Isso continuou até o retrato ser mais uma vez pendurado nos antigos aposentos. Os barulhos pararam... por algum tempo.

Durante promoção turística de itens sobrenaturais na década

de 1970, o Comitê de Turismo da Virgínia soube das histórias sobre as algazarras da tia Pratt e a pegou emprestada para exibição no Rockefeller Plaza, em Nova York. Pendurado no expositor, o retrato balançou, de acordo com testemunhas, sacudiu-se para a frente e para trás com tanta violência que o selo da Virgínia, pendurado ao lado, também balançou. No caminho do almoço, um repórter da NBC parou para ver a exibição e fez uma gravação no local, ocasionando comoção, pois deu ao retrato e à sua história cobertura nacional. Certa manhã, operários que trabalhavam no prédio encontraram o retrato no chão, a muitos metros de distância do expositor, e descreveram a cena como se a tia Pratt "seguisse para a saída".

> *Às vezes é certo temer o escuro.*
> *— Peter Straub*

Depois disso, o retrato errante foi trancado no armário quando não estava exposto. Entretanto, a equipe de manutenção relatou batidas e gritos do armário enquanto trabalhava à noite. Na manhã seguinte, o retrato da tia Pratt estava do lado de fora da saleta. Depois de chamarem médiuns especialistas, teorizou-se que havia dois espíritos associados à pintura: um retrato pintado sobre outro, e uma das damas estava bastante incomodada com isso.

O retrato da tia Pratt voltou à Virgínia, passando antes por Richmond, para consertar a moldura após a aventura. Ao ser retirado pela família, o dono da oficina contou que ouviu sinos enquanto a pintura esteve aos seus cuidados. Nenhum sino foi encontrado na oficina, então ele supôs que Pratt aprontara das suas. O retrato foi mais uma vez pendurado em seu local favorito, e nenhuma outra ocorrência foi relatada.

O Retrato Corado

Aconchegada fora de Richmond, Virgínia, no povoado de Amelia, se encontra uma propriedade agrícola rica em história e que abriga mais do que poucos mistérios. Construída em 1745, a propriedade aninhada dentro de 6 mil hectares é uma mansão enorme e imponente, com abundantes jardins, múltiplos anexos, senzalas e dois cemitérios: um para a família e outro para os escravos. Depois que a Guerra Civil devastou o interior, a propriedade nunca recuperou toda a glória e caiu em estado deplorável, conforme passava de dono para dono. Sem ninguém capaz de dar conta das exigências de casa e terreno tão grandes, a Haw Branch Plantation se transformou no epítome do lugar arrepiante a ser evitado na área outrora próspera.

Em 1964, Haw Branch trocou de mãos novamente. O casal que adquiriu a propriedade não seria desencorajado com tanta facilidade por histórias de agitações estranhas e o ocasional barulho de corpo caindo no fosso seco. Cary e Gibson McConnaughey de imediato reformaram a propriedade desocupada por cinquenta anos após a morte da avó da sra. McConnaughey, a antiga dona. Pela necessidade de reparos urgentes — as enormes chaminés precisavam de restauração imediata e hectares de campos precisavam ser cuidados —, foram necessários anos de trabalho árduo para trazer a fazenda de volta à vida.

Depois de levar os dois filhos e os dois cachorros para a enorme mansão, tudo esteve tranquilo — a princípio. Aproximadamente três meses depois de enfim transformarem a casa em seu lar, atividades paranormais aterrorizaram a família. Ouvia-se passos pesados nos andares silenciosos à noite e o distinto aroma de laranjas e rosas flutuava pela casa. Visões de um homem saindo do celeiro com lamparina eram comuns, junto com as de outro homem que implorava ajuda, e de um terceiro sujeito que mancava. Entretanto, essas aparições são apenas nota à parte ao que aconteceu na noite de 23 de novembro de 1965. Os McConnaughey foram arrancados de seu descanso de sono profundo quando gritos irromperam pela casa. Encontraram os filhos no patamar, que fitavam a escada do sótão enquanto o som continuava. Ninguém, nem mesmo o cachorro com os dentes à mostra para proteger a família, queria subir a escada e ver o que estava contido pela porta do sótão.

Ruídos continuaram a visitar a casa: objetos pesados eram largados no chão, a cadeira de balanço era ouvida chiar as horas lentamente e móveis eram com frequência ouvidos arrastados pelo piso do sótão. Seis meses depois, no dia 23 de maio, a família foi outra vez despertada pelos gritos aterrorizados da mulher no sótão. Os gritos se repetiram a cada seis meses até ser substituídos pela entidade vista pela sra. McConnaughey em 1967. E. Randall Floyd, no livro *More Great Southern Mysteries* (Mais Grandes Mistérios Sulistas), citou a afirmação da proprietária: "Pude ver com nitidez a silhueta de garota magra em vestido com saia rodada até o chão". Continuou: "Não consegui ver suas feições, mas não era transparente, era apenas uma silhueta branca". A sra. McConnaughey viu o fantasma muitas outra vezes, assim como sua filha, que acordou e encontrou a mulher de branco pairando sobre a cama enquanto dormia.

Todavia, o fenômeno mais estranho ainda estava por vir. Um primo idoso ficou encantado porque a família encarara o desafio de Haw Branch. Ao enviar o retrato de parente distante chamada Florence Wright, o primo descreveu a pintura como obra em lindos tons pastéis, elaborada pouco antes da trágica morte prematura da ancestral por derrame. A família abriu o caixote do retrato com grande ansiedade depois que chegou, mas ficou desapontada ao descobrir que não era o que o primo descrevera. Em vez de cores brilhantes e vibrantes, a pintura retratava a mulher de modo tosco, em mistura de preto, cinza e branco encardido.

Em vez de escondê-la atrás do sofá, a colocaram acima da cornija da lareira da biblioteca. Dias depois, as vozes começaram. A sra. McConnaughey, ao ouvir mulheres falarem com ela da biblioteca enquanto estava em outra parte da casa, correu para receber as visitas, mas encontrou a sala vazia. As vozes desencarnadas continuaram a provocar a família, até que certo dia, enquanto lia na biblioteca, a sra. McConnaughey descobriu que o retrato de Florence estava tingido de cores. Pasmos, observaram, ao longo de um ano e meio, a pintura se encher de tons de verde e vermelho; Florence se mostrou uma ruiva estonteante, com olhos da cor do céu, sentada em cadeira verde ao lado de vaso verde-claro com uma rosa. De certos ângulos, parecia que a mulher na pintura ficava corada enquanto era observada, mas, sob outra luz, parecia que o retrato sangrava. Especialistas de universidades locais foram convocados para examiná-lo e explicar o mistério por trás da mudança de matizes, mas ninguém foi capaz de dar resposta firme e lógica, e deixaram a pintura e os segredos de Haw Branch Plantation em paz, afinal.

Cadeira da Perdição

O que é esse formigamento? Hóspedes da pousada Busby Stoop, em Kirby Wiske, norte de Yorkshire, Grã-Bretanha, podem contar com algumas coisas quando fazem uma parada para a noite: boas histórias, cerveja morna e boa chance de morrer de maneira horrível caso se sentem em uma cadeira em particular. Em 1702, Thomas Busby e o sogro, Daniel Awety, em conluio para roubar a coroa de todo o seu peso em ouro ao raspar moedas[3] para falsificações. Busby, bêbado notório de pavio curto, reagiu de maneira exagerada à visão de Awety em sua cadeira favorita no pub depois de discutirem negócios. Espancou-o até a morte com um martelo na casa de Awety, mais tarde, naquela mesma noite, e arrastou o corpo até um arvoredo próximo. Quando ele

> *Objetos encontrados carregam energias e às vezes lembranças boas e ruins que podem não pertecer a você.* — **Lorraine Warren**

não apareceu para o café da manhã no dia seguinte, houve busca e o cadáver foi descoberto.

Busby foi preso por homicídio, julgado e condenado ao enforcamento logo em seguida, com o cadáver marcado para ocupar a gaiola de ferro suspensa como aviso para outros que pensavam em realizar atos sórdidos. Antes de ser enforcado, Busby amaldiçoou qualquer um que se atrevesse a se sentar em sua cadeira a sofrer morte cruel. Desde aquela época, houve relatos de que

---

[3] A raspagem de moedas consistia em diminuir a quantidade de metal precioso da moeda enquanto era mantida em circulação com seu valor nominal. Isso era feito pelo governo para inflar a quantidade de moedas em circulação. Feito por um indivíduo, era possível retirar o metal precioso enquanto se mantinha a moeda em circulação e lucrar com o metal removido. [NT]

o fantasma foi visto, laço de forca pendendo frouxo do pescoço quebrado, perto do local do enforcamento. A cadeira permaneceu no pub, e a lenda cresceu. Os cidadãos locais desafiavam uns aos outros a testar o destino contra a cadeira do morto, até que uma série de acidentes fez com que hesitassem e se perguntassem se, de fato, Busby tivera vingança. No final do século XVIII, um limpador de chaminés que se sentara na cadeira foi encontrado enforcado no dia seguinte, na coluna de portão próximo ao antigo poleiro de Busby. Anos depois, dois aviadores, que foram ao pub e encorajaram um ao outro a se sentar na cadeira, morreram de ferimentos sofridos em acidente de carro no mesmo dia. Mais mortes se seguiram à medida que surgiam relatos de diversos ciclistas e motoristas que se envolviam em acidentes fatais logo após se sentar na cadeira. Depois que um jovem operário caiu através do telhado depois de descansar na cadeira mais cedo, naquele mesmo dia, no final do século XIX, o dono do pub trancou-a no porão. Ao doar a cadeira amaldiçoada para o Museu Thirsk, fez a instituição prometer que nunca mais alguém se sentaria nela. O móvel agora pende na parede do museu há mais de trinta anos.

A Velha Faísca

Charmoso, voluntarioso e mortal, o primeiro homem no mundo a ser identificado como assassino em série pelo Departamento Federal de Investigação dos Estados Unidos (FBI) encontrou a morte ainda convicto de que poderia convencer o tribunal de que não iam provar nada. Theodore "Ted" Robert Bundy aterrorizou os EUA com sequestro, estupro e assassinato de jovens mulheres entre os anos de 1974 a 1978, no total de mais de trinta mortes em seis estados.[4] Entretanto, acreditava-se que Bundy começou sua onda de assassinatos quando ainda era adolescente, e dizia-se que era o responsável pelo desaparecimento da vizinha de oito anos, Ann Marie Burr, em 1961, enquanto morava com a família no estado de Washington.

Como uma farsa descontraída de carisma e inteligência, Bundy se formou em Direito pela Universidade de Washington enquanto trabalhava como conselheiro na central telefônica de apoio a crises emocionais com Ann Rule, futura escritora sobre crimes reais, e nas campanhas do Partido Republicano. Bem-educado e benquisto por muitos, nunca demonstrou qualquer sinal da raiva que queimava dentro de si. Em sua pretensa normalidade, jazia o perigo verdadeiro.

Bonito e sem sinal de ameaça visível no exterior, Bundy atraía as vítimas para o carro, com a desculpa de precisar de ajuda por causa do braço ferido. Então matava, estuprava e sodomizava os cadáveres, e muitas vezes escondia-os amontoados nas vastas florestas de Washington para visitá-los outra vez.

A princípio detido em 1975, em Utah, Bundy fugiu da prisão algumas vezes até que, afinal, foi capturado definitivamente na Flórida, em 1978. Condenado pelo assassinato de uma menina de doze anos, embora fosse suspeito das mortes de centenas de mulheres pelos Estados Unidos. Conforme a história se espalhava, a notoriedade alimentava seu ego, e por conta dos anos na faculdade de Direito, ele mesmo se representou no tribunal. Depois de arrastar o julgamento com tecnicalidades legais e promessas de mostrar às autoridades onde os corpos foram enterrados, a onda de sorte de Bundy por fim acabou, e encarou a morte na cadeira elétrica, apelidada de "Velha Faísca" pela Penitenciária Estadual da Flórida em Redford, Flórida.

Com a cabeça raspada e a última refeição consumida, Bundy foi conduzido à câmara de execução, onde proferiu as últimas palavras para o pequeno grupo de testemunhas: "Gostaria

---

4 Saiba mais em *O Estranho ao meu Lado*, de Ann Rule. DarkSide® Books, 2019. Trad. Eduardo Alves.

que mandassem meu amor a minha família e amigos". Preso à cadeira de madeira, aguardou. Às 7h16 do dia 24 de janeiro de 1989, o carrasco puxou a alavanca e as manobras de Bundy sobre sua loucura chegaram ao fim.

Em 2001, um antigo guarda da prisão contou ao repórter de um jornal da área de Tampa que ele e outros guardas testemunharam o fantasma de Bundy se reclinar na cadeira elétrica que tinha posto um fim à sua vida. Ao reconhecer a presença deles com "sorriso astuto", segundo relato, a assombração desvaneceu assim que se aproximaram da entidade. O guarda continuou a história, e disse haver tantos avistamentos do serial killer que muitos dos guardas se recusavam a entrar sozinhos na câmara de execução. Bundy também frequentava a pequena cela no corredor da morte da penitenciária. Quando os guardas entravam na cela, alguns o ouviam dizer: "Ora, levei a melhor sobre todos vocês, não foi?". Será que queria dizer que os enganou ao não revelar onde havia mais corpos escondidos ou simplesmente que chegara ao outro lado primeiro?

Boatos dão conta de que oficiais da penitenciária ameaçaram demitir funcionários caso histórias de Bundy viessem a público. Já que alguns guardas pediram demissão depois de ver o fantasma na cadeira elétrica assombrada, não precisaram de aviso — já tinham ido embora havia muito tempo.

Por mais que Bundy gostasse de viajar pelos Estados Unidos quando estava vivo, seu fantasma também pode ter tido pés inquietos. A entidade identificada como o assassino foi vista rondar a casa da república Chi Ômega, onde cometeu dois assassinatos, assim como na sacada do prédio em Tallahassee, Tennessee, onde se mantivera longe de vista entre os homicídios. Os restos mortais de Bundy foram cremados e espalhados pela vasta floresta do estado de Washington. Misturou-se com o vento e a chuva, e suas cinzas podem descansar sobre os corpos das vítimas anônimas que enterrara naquelas mesmas florestas.

Castelo de Belcourt

Não é um verão em Rhode Island até a casa de campo alardear a armadura guinchante. A construção do Castelo de Belcourt, Newport, começou em 1891, e foram necessários três anos e trezentos artesões para terminar a enorme estrutura de estilo Luís XIII. Oliver Hazard Perry Belmont (filho do homem em cuja homenagem o Belmont Stakes[5] foi batizado) teve como modelo para a casa um pavilhão de caça em Versalhes, e preencheu os cômodos cavernosos com antiguidades, manuscritos medievais e vasta coleção de itens relacionados a cavalos ao custo de 3,2 milhões de dólares em 1894 (mais de 80 milhões de dólares em 2013).

Você tem que ser amparado pela fé. Caso contrário, são só palavras sendo proferidas. — **Lorraine Warren**

Embora as plantas originais da casa projetadas pelo famoso arquiteto Richard Morris Hunt exigissem sessenta cômodos, apenas um quarto e um banheiro tradicionais foram concluídos. Nenhuma cozinha ou quarto de hóspedes; as refeições eram trazidas da cidade por carruagem. Como um refúgio de veraneio, Belmont argumentou que não havia necessidade de acrescentar cômodos que ele nunca usaria, então fez melhor uso do espaço usando-o para armazenar suas coleções. No andar térreo, a estrutura abrigava uma exposição excêntrica de carruagens e estábulos para cavalos.

Em 1895, Belmont recebeu seus primeiros convidados com grandioso baile para marcar o término da nova casa. A anfitriã do baile foi a esposa do melhor amigo e sócio de Oliver, William

---

5   Belmont Stakes é a terceira prova da Tríplice Coroa dos EUA, disputada em Belmont Park, hipódromo localizado em Elmont, Nova York. [NT]

Kissam Vanderbilt. Um ano depois, Alva Erskine Smith Vanderbilt se divorciou do marido e se casou com Oliver. Os Belmont viajaram extensivamente, e encheram o lar com adições incomuns às coleções de armaduras e outros artefatos, até a morte de Oliver, em 1908. Depois do falecimento do marido, Alva redesenhou o primeiro andar de Belcourt, e expulsou os cavalos para estábulos externos; então acrescentou cozinha, salão para banquetes, biblioteca completa com portas ocultas e transformou um escritório em quarto.

Conforme a mansão chegava a idade avançada, a propriedade observou a dona cair. Alva morreu em 1933, seguida do irmão, em 1940. Depois da família Belmont, o lugar entrou em declínio, visto que os novos moradores não conseguiam dar conta das exigências. Salva pela família Tinney, a outrora grandiosa casa de veraneio de Oliver Belmont foi restaurada quando compraram a propriedade, em 1956. Enchendo-a com as próprias coleções de obras de arte e antiguidades coletadas ao redor do mundo, os Tinney não levaram apenas esplendor de volta à antiga casa — podem ter levado alguns fantasmas também.

No final da década de 1950, a família Tinney ofereceu passeios à propriedade. Dez anos mais tarde, inauguraram a Fundação das Artes Reais para ajudar a educar o público sobre as inúmeras antiguidades da coleção, e sobre o estilo arquitetônico da casa da era de ouro do final do século XIX. Também passaram a promover "passeios paranormais", guiados pela médium Virginia Smith para aliviar os custos da preservação do Castelo de Belcourt.

Presentes no gótico salão de festas francês, visitantes descreveram sensação de inquietude, queda brusca na temperatura e ondas de energia de um par de cadeiras antigas. Conhecidas como *"salt chairs"* [cadeiras para sal, em tradução livre] graças aos assentos removíveis que armazenam saleiros, acredita-se que essas cadeiras possam ter história majestosa, visto que há relatos de entidades que lembravam rainha e rei franceses próximos a elas. Em uma cadeira, o ocupante invisível parece repelir qualquer pessoa que invada o espaço, enquanto o outro, de acordo com os rumores, joga as pessoas para fora.

Uma fileira de armaduras vazias datando dos séculos xv e xvi permanece de guarda no extremo do salão de festas. Em todo o mês de março, gritos são ouvidos ecoarem pela câmara enquanto uma das armaduras revive a terrível morte do dono original — a ponta da lança perfura a cabeça através da viseira do elmo. Boatos também revelam que o elmo se vira para seguir o avanço dos estranhos em passeio pela casa.

Um monge, em manto e capuz marrons, foi visto pelos Tinney e hóspedes depois de levarem para casa a escultura alemã de uma fraternidade obtida em uma das viagens. Apegada à obra, a entidade é vista sempre que a peça é exposta, e até foi vista certa vez entrar no banheiro feminino do primeiro andar. Será que os monges ficam corados?

Outros espíritos vagam pelos corredores do Castelo de Belcourt, o que inclui dançarinas vistas por Donald Tinney no salão de festas sobrenatural, a dama na galeria do andar superior em vestido de gala, o soldado britânico uniformizado e o guerreiro samurai que, se acredita, pegou carona com a coleção de antiguidades asiáticas dos Tinney. Existem muitos relatos de itens que mudam de lugar ou são emprestados dentro da casa, apenas para ser devolvidos depois.

A equipe da Sociedade Paranormal do Atlântico (TAPS) já investigou a casa diversas vezes, e o episódio de *Caçadores de Fantasmas* foi ao ar pela primeira vez no canal SyFy, em 11 de abril de 2009. Hoje em dia, excursões fantasmagóricas guiadas por Harle Tinney estão disponíveis para quem quer visitar a mansão e aprender sobre seus cinquenta anos de experiências paranormais.

Sr. Sacodiossos e o Baú Sobrenatural

E se você recebesse do além uma pista que resolvesse o mistério de uma mulher desaparecida? Brian McKavanagh, de Toronto, Ontario, conhecido como "Sr. Sacodiossos" no website da Haunted Society, compartilhou comigo a história da vizinha e amiga, Helen:

"Há muito tempo, morávamos em casa antiga, estilo vitoriano, dividida [ao] meio. Uma idosa/viúva alugava o outro lado. Minha esposa [e] a irmã dela [eram] bastante amigas da senhora, adoravam os pirogues[6] caseiros de Helen. Nós compartilhávamos a garagem velha e grande com enorme porta de madeira que tinha de ser erguida para entrar. Naqueles dias, [tinha um] antigo Cadillac rabo de peixe para ir [e] voltar do trabalho; quando o estacionava [na] garagem, os dois carros ficavam separados por um daqueles mares de baús com trinco antiquado que pertenciam [a] senhora da casa ao lado. Lembrança das viagens ao seu novo lar no Canadá, já que veio de Portugal.

"Era inverno, e minha esposa e a irmã dela começaram a me importunar. Não viam Helen havia uma semana, mais ou menos, nem o cachorrinho. Disseram que a janela do banheiro dela estava um pouco aberta. Estava tentando aproveitar o jantar e disse que talvez estivesse de férias na Flórida e deixou [a] janela um pouco aberta para arejar a casa enquanto não voltasse. Fui fuzilado por aquele olhar que as mulheres lançam para os homens, então fiz o meu melhor: 'Não se preocupem, ela vai voltar'. Fui fuzilado por aquele olhar de novo. Minha esposa chegou bem perto de mim: 'Ouça! Helen está com problemas, está gritando por socorro. Faça alguma coisa!'

"Durante a semana seguinte, fui para o trabalho religiosamente, estacionava o carro, saía [e] tinha minha rotina de sentar

---

6   Tipo de pastel cozido originário da Polônia. [NT]

no baú [e] fumar um cigarro enquanto tirava as botas para neve antes de entrar em casa. Ficava ali sentado contemplando os eventos do dia enquanto levantava e abaixava a velha tranca quebrada do baú. Fiquei tentado a abrir, mas o baú pertencia a Helen, e respeitava seus bens. [Por] algum motivo, me senti compelido a abri-lo, mas nunca o fiz.

"[No último] dia útil [da] semana, subi [pela] ruela que levava [à] garagem e fui barrado por uma enxurrada de viaturas de polícia. Andei até a garagem, e a encontrei isolada pelos policiais e os vi tirarem sacos de lixo do baú. [Eu] cheguei na minha casa [e] encontrei tiras e detetives interrogando minha esposa. Acho que ela havia chegado ao limite e telefonado para que viessem ver como a Helen estava.

"No fim das contas, soube que havia algo errado, mas [isso] não se encaixava com [a] voz na minha cabeça que gritava: 'abra o baú!'.

"Helen foi morta pelo homem que namorava por uma disputa financeira. No fim, matou o cachorro dela e o deixou no porão. Matou Helen, cortou seu corpo em pedaços na banheira do banheiro do andar superior e depois levou os restos mortais até o baú na garagem, onde o que restou dela permaneceu congelado devido às baixíssimas temperaturas. Então prosseguiu para roubar os itens de porcelana da Royal Doulton e as joias, mas foi rastreado e capturado antes que deixasse o país. [A] polícia voltou a procurar minha esposa. Os tiras estavam curiosos para descobrir como sabia do destino de Helen. Sendo policiais, não podem acreditar em percepção extrassensorial nem em pessoas com dons especiais, mas no fim das contas agradeceram minha esposa pela ajuda em capturar o assassino de Helen.

"O pedido de ajuda de Helen foi ouvido. Sentiremos sua falta. Então, para aqueles por aí que tiram vidas humanas e acham que não serão pegos, vocês se esquecem do espírito humano. Vocês não podem se esconder; vocês vão pagar pelo que fizeram neste mundo ou no outro.

"Recebi a mensagem, Helen, e contei o seu lado da história."

O Problema em Remexer o Lixo

Um espelho antigo com moldura de nogueira foi vendido no site de leilões eBay em fevereiro de 2013 depois da série de supostos ataques paranormais contra os antigos donos. Arrancaram o espelho do lixo do senhorio meses antes, e os homens que o pegaram afirmaram ser atormentados pelo azar desde então. Problemas financeiros, doenças e até mesmo sensação de desgraça eminente invadiram suas vidas desde que levaram o espelho para dentro de seu lar.

Em entrevista para o jornal britânico *Daily Mail*, o dono, Joseph Birch, relatou acordar com dores agudas por todo o corpo e disse: "Quando passo diante do espelho, vejo sombras bruxuleantes refletidas. Paro completamente imóvel e elas continuam, e tenho rápidos vislumbres de escuridão profunda". Se o espelho era realmente sobrenatural ou se os colegas de quarto só queriam tirar aquele espelho feio de casa, nunca saberemos, mas pela pechincha de 155 dólares, os novos donos com sorte vão receber pelo que pagaram.

CAPÍTULO 05

Alguns alvos de assombração são grandes demais para colocar na cornija da lareira ou no bolso. As histórias compartilhadas neste capítulo giram em torno de locais que podem ser visitados, como a estrada onde o herói revolucionário da Guerra da Independência, "Mad" Anthony Wayne, ainda procura seus ossos desaparecidos; o sobrenatural rio Chicago, que ecoa a tragédia do desastre do Eastland; ou um monumento com passado duvidoso. Todas essas paradas têm histórias para contar, desde minhas próprias experiências na cidade fantasma de Montana até a busca desesperada de uma mulher por moradia na praia do farol do cabo Hatteras.

"Mad" Anthony Wayne

O herói da Guerra da Independência de pavio curto e rompantes de bravata não é do tipo que a fervura de seus ossos o impede de visitar os vivos. O major-general "Mad" Anthony Wayne é mais famoso pela morte (e seus dois locais de enterro) do que pelos ataques mal planejados contra o inimigo. Amigo leal de George Washington, subiu de patente bem depressa depois de se alistar no Exército Continental, nos primeiros dias da Revolução Americana. Terminada a guerra, se aposentou e virou deputado, servindo na câmara legislativa da Pensilvânia. Durante esse tempo, as proezas dentro e fora do campo de batalha ficaram para trás — mas só até Washington o convocar mais uma vez.

Ataques de nativos norte-americanos contra colonizadores que atravessavam o território noroeste e os inoportunos britânicos ao norte forçaram Washington a pedir que o amigo assumisse o comando. Washington fez dele comandante em chefe da recém-formada Legião dos Estados Unidos, e Wayne organizou a extensão do Exército dos Estados Unidos em 1791. Após alguns anos bem-sucedidos de repressão de insurreições dos nativos norte-americanos e assinaturas de tratados de paz, ele finalmente estava a caminho de casa, na Filadélfia. A última parada de Wayne foi no forte Presque Isle, agora conhecido como Erie, na Pensilvânia, depois de navegar por cinco dias na chalupa *Detroit*, que partiu da cidade de mesmo nome em novembro de 1796. Ainda que a viagem em si tenha sido agradável, a saúde de Wayne declinava, e ele passou os dias escrevendo cartas com seus últimos desejos, e como deveriam ser realizados.

Ao chegar no forte Presque Isle, Wayne havia sofrido grave ataque de gota. Pediu que seu amigo, o dr. J.C. Wallace, fosse até lá para ajudá-lo, embora Wallace estivesse a 160 km de distância, em Pittsburgh, e a doença matasse Wayne lenta e dolorosamente. Entretanto, nas primeiras horas da manhã de 15 de dezembro de 1796, Wayne faleceu, devido a complicações da gota, antes que Wallace chegasse naquele mesmo dia. Lendo suas cartas, o batalhão do forte Presque Isle cuidou do desejo final de Wayne: após a morte, ser enterrado de uniforme completo em até dois dias. Arrumaram-lhe caixão simples, de madeira, e martelaram pregos de latão de cabeça redonda na tampa, a fim de formar iniciais, idade e o ano da morte. O corpo foi enterrado aos pés do mastro da blocausse,[1] na colina da guarnição, como requisitado nas cartas.

> *O uniforme é um símbolo de orgulho e decência para quem o veste. Quero mantê-lo comigo para todo o sempre.* **– Mad Wayne**

E lá o corpo do general Wayne permaneceu, em paz por treze anos, até os parentes lembrarem que não se encontrava no jazigo da família, a pouco mais de 640 km de distância. A filha, Margaretta, mandou o irmão mais novo, Isaac, recuperar os ossos e levá-los para cerimônia fúnebre e vibrante festa na cidade. Isaac partiu na sulky, pequena carruagem de duas rodas, chegou em forte Presque Isle e contatou o dr. Wallace. Por enorme soma em dinheiro, concordou em preparar os ossos para voltarem com o filho esquecido.

Isaac optou por não estar presente quando o corpo do pai fosse exumado, por isso, não pôde testemunhar a reação do dr. Wallace ao descobrir que o corpo de Wayne estava em estado quase perfeito de conservação. Com a exceção do pé e parte da perna, o cadáver fora conservado pelas temperaturas gélidas do norte, o que deixou-os em uma sinuca de bico: como Isaac levaria para casa, em Radnor, Pensilvânia, o corpo agora em rápida decomposição, transportado na carruagem minúscula, sem atrair cães vadios?

---

[1] Pequeno forte isolado construído a princípio com troncos de madeira e, mais tarde, concreto. [NT]

ENSOPADO DE GENERAL WAYNE

Com a ajuda de quatro assistentes robustos e um bando de espectadores, o dr. Wallace empregou o costume nativo norte-americano de ferver os ossos para desprender a carne, a fim de facilitar o transporte. Uma testemunha da dissecação escreveu, anos mais tarde, que o corpo não estava rígido depois de permanecer enterrado todo aquele tempo; estava com a consistência de giz mole. Outra testemunha escreveu que "a carne da coluna tinha espessura de 10 cm, sólida e firme como carne de porco fresca". Com equipamento cirúrgico para reduzir o corpo do general a pedaços manejáveis, Wallace ferveu as partes em grande caldeirão até que os pedaços fibrosos de carne se desprendessem dos ossos. Então, depositou os ossos na caixa levada por Isaac para guardar os restos mortais de seu pai, e largou a carne cozida de seu velho amigo, o uniforme de Wayne, a carne dos órgãos, as ferramentas cirúrgicas que usou no procedimento, mais alguns mililitros de *eau de Wayne* dentro do caixão e o enterrou na antiga cova, na base do mastro. Um item ficou de fora: a bota usada por "Mad" Anthony Wayne, ainda em bom estado. A outra apodrecera, e foi doada a um espectador. Ele mandou fazer um par para a bota e as usou até gastar.

Acondicionando a caixa na traseira da carruagem, Isaac Wayne atravessou o estado ao longo de estradas acidentadas no ritmo do trote do cavalo. Boatos dizem que no caminho a caixa se abriu, e que alguns dos ossos do general Wayne pularam para fora do recipiente e caíram no que hoje é a Route 322. Boatos dizem que Isaac ficou tão perturbado com a maneira funesta com que os restos mortais de seu pai foram tratados no forte Presque Isle que nem mesmo se deu conta de que alguns ossos dos dedos faltavam quando chegou em casa, em Radnor. Ele completou a viagem a tempo do novo enterro do herói de guerra, no Quatro de Julho de 1809, na igreja episcopal St. David. Hoje, no aniversário do nascimento do general, dia primeiro de janeiro, seu fantasma pode ser visto vagar por trechos solitários da

Route 322 à procura dos ossos que faltam. Com a carne enterrada em uma cova e os ossos em outra, quem poderia culpá-lo por estar meio desnorteado?

Contudo, o fantasma de Wayne não está satisfeito em remexer o lixo acumulado à beira estrada à procura de um osso desaparecido. Ele foi visto em inúmeros lugares ao longo do litoral oriental. Avistamentos frequentes ao longo da US Route 1, perto do campo de batalha de Brandywine, em Chadds Ford, Pensilvânia, descrevem suas façanhas montado em um garanhão branco da batalha de setembro de 1777, que permitiu a Washington e seus homens fugirem para a segurança depois que os britânicos e alemães chegaram perto de subjugar as tropas continentais no rio Brandywine.

Wayne e seu cavalo, Nab, também foram vistos enquanto cavalgavam para alertar as tropas norte-americanas de ataque iminente em 1779, no desfiladeiro Storm King, no rio Hudson. A cavalgada pela noite tempestuosa é repetida na forma de assombração residual para aqueles sortudos o suficiente de entrar no loop e testemunhar as supostas faíscas azuis e alaranjadas causadas pelas ferraduras de Nab conforme golpeiam o chão. Os cidadãos locais juram que a aparição da dupla quer dizer que uma tempestade se forma, e que é preciso se preparar para o pior.

Mulherengo inveterado, Anthony Wayne certa vez cortejou duas mulheres, com consequências lastimáveis. Penelope Hayes, filha de latifundiário rico de Vermont, era a inadvertida concorrente de Nancy Coates, criada local, de suas afeições. Wayne e Nancy se tornaram amantes; ela tentava forçar o soldado a lhe pedir em casamento — porém, ele resistia. À medida que os britânicos ganhavam terreno, Washington pediu a Wayne que levasse Hayes de volta ao forte Ticonderoga. Enquanto esteve longe em missão, boatos no forte de Wayne ter partido apenas para trazer Hayes de volta como noiva chegaram aos ouvidos de Nancy. De coração partido, assistiu ao retorno dos dois.

Quando a carruagem passou, diz-se que Nancy esticou a mão para tocar a bota do amante, e implorou por um lampejo de reconhecimento. Atento a Penelope, não sentiu o toque. Nancy aceitou que ele nunca a amaria, e fugiu para um lago próximo, onde ficou até o amanhecer. Enquanto o sol surgia acima das árvores, entrou nas águas profundas e colocou fim à própria vida. O fantasma de Nancy agora faz parte do emaranhado de assombrações de "Mad" Anthony Wayne. Testemunhas viram seu espírito correr ao longo das trilhas tortuosas que contornam o lago, os sons de seu pesar ecoarem pelos vales até ser silenciados pela água. De tempos em tempos, o fantasma pode ser visto flutuando no lago, com o rosto para cima — lembrete sombrio do amor perdido.

Wayne também não é arrancado do forte facilmente. Seu fantasma foi avistado na sala de jantar do comandante, sentado em poltrona de encosto alto, ao lado da lareira, com cachimbo de piteira longa, e tomando cerveja de um caneco de peltre. A imagem imitava o retrato do general Wayne, pendurado naquele cômodo.

O Desastre do *Eastland*

A água é um atrativo poderoso para atividades paranormais. O rio Chicago, por exemplo, se recusa a abrir mão das almas que reuniu no início do século XIX em uma das piores tragédias marítimas da cidade.

A manhã ensolarada despontou chuvosa no piquenique anual da Western Electric Company, em 24 de julho de 1915. Um embarque programado para aquela manhã bem cedo, no transatlântico *Eastland*, assim como em outras embarcações fretadas para o evento, resultou na aglomeração de milhares de pessoas na Wacker Drive, entre as pontes Clark e LaSalle, ao longo do rio Chicago. Ansiosos pelo dia de comida, música e eventos esportivos, os funcionários e suas famílias acolheram bem a chance de velejar no transatlântico luxuoso conhecido como "O Greyhound dos Lagos", até Michigan City, Indiana.

O *Eastland*, recém-equipado com mais botes salva-vidas após o desastre com o *Titanic*, e o decreto da Lei Marítima de LaFollette, estava ainda mais instável do que o normal. Relatos anteriores de o transatlântico ser pesado demais na parte superior e adernar tanto que a água entrava pelas pranchas de embarque em 1903 resultaram na reestruturação do navio, mas ainda havia questões pendentes. A recente adição de botes salva-vidas e de diversas toneladas de concreto no convés intermediário e no principal, a fim de proporcionar apoio à madeira apodrecida, agora deixavam o adornamento ainda mais pronunciado — principalmente quando os passageiros lotavam os conveses superiores. À medida que o *Eastland* se enchia na capacidade total de 2.572 passageiros naquela manhã, o navio começou a balançar em seu berço aquático.

Famílias empolgadas embarcaram a partir das 6h30, e o *Eastland* passou a tombar na direção do cais. Ordens foram enviadas para baixo, para encher os tanques de lastro e estabilizar o

navio, conforme mais pessoas subiam. Dez minutos depois, o *Eastland* estava estável mais uma vez. Às 6h53, o navio começou a tombar a bombordo, e foi endireitado pela tripulação, mas ele atingiu capacidade máxima com bastante rapidez. Ao adernar de novo, às 7h20, a água entrou através das aberturas inferiores, a bombordo do *Eastland*. Os passageiros correram para olhar pela lateral, o que fez o barco tombar ainda mais, aparentemente gostando da sensação e sem se preocupar, enquanto observavam objetos deslizarem pelo convés. Outro navio fretado para o piquenique podia ser ouvido tocando "I'm on My Way to Dear Old Dublin Bay" ali perto, à medida que o desastre iminente daquela manhã se tornava realidade.

Às 7h28, o navio tinha adernado 45 graus. Enquanto os passageiros ainda se aglomeravam a bombordo para acenar para um barco do corpo de bombeiros de Chicago que passava por ali, o transatlântico tombou completamente para o lado e acabou repousando no fundo do rio, seis metros abaixo da superfície. Alguns passageiros conseguiram se arrastar para lugar seguro e ficaram do lado fora d'água, a estibordo do casco do enorme navio, prontos para usar um rebocador próximo, o *Kenosha*, como ponte para o cais. Outros no convés superior foram jogados na

água e tentaram flutuar nas fortes correntes do rio enquanto o pânico tomava conta da cena e barcos de resgate corriam para tirar as vítimas do rio.

Muitos dos primeiros passageiros que tinham passado para um dos três outros conveses para acomodar aqueles que ainda estavam embarcando ficaram presos. Diversos móveis, incluindo pianos, cadeiras e estantes, os esmagaram uns contra os outros. Acredita-se que a maioria das vítimas morreu de asfixia — não de afogamento —, ainda que, quando as equipes de resgate conseguiram chegar até elas ao fazer buracos no casco de metal, aqueles que sobreviveram ao severo adernamento já tinham se afogado.

Os esforços de salvamento começaram de imediato, embora com o atulhamento de corpos na água tudo logo se transformou em missão de recuperação. À medida que os mortos eram empilhados ao longo do cais, depois de retirados do rio, a cidade decidiu estabelecer o Arsenal do Segundo Regimento, na Washington Boulevard, como necrotério improvisado para corpos não identificados. Ao longo do piso molhado, foram dispostos fileiras com 85 cadáveres enquanto aguardavam identificação de amigos e familiares que ficaram para trás. O processo de reclamar os mortos demorou dias — 22 famílias inteiras haviam perecido no acidente, e não sobrara ninguém para levá-los para casa.

O número de mortos no desastre totalizava 844 vidas — 841 passageiros, dois membros da tribulação e um membro da equipe de resgate de outro navio fretado para a ocasião, que morreu nos esforços de resgate.

Um inquérito sobre as mortes a bordo do *Eastland* culpou os tanques de lastro defeituosos e sua inabilidade de endireitar o navio quando a capacidade total foi alcançada, mas outros acreditavam que a adição de botes salva-vidas tinha desequilibrado tudo, condenando o navio já pesado demais na parte superior ao fracasso certo. Não era tanto uma questão de "se", mas sim de "quando".

Desde a tragédia do *Eastland*, atividades paranormais assombram o rio Chicago e cercanias. Houve relatos de enormes ondas repentinas invadindo o calçadão às margens do rio na área mais baixa da Wacker Drive, muito parecidas com a força da água deslocada quando o *Eastland* virou. Visitantes também afirmaram ouvir gritos e estrondosos borrifos de água próximos à ponte Clarke Street, mas encontraram apenas um rio tranquilo quando verificaram se alguém precisava de ajuda. Mais perturbadores são os relatos de pessoas almoçando em uma das muitas cafeterias ao longo do calçadão que se deparam com os rostos das almas torturadas que as encaram das profundezas do rio.

O arsenal que servira como necrotério temporário para os corpos também é palco de assombrações residuais. Hoje, o local é sede dos estúdios da Harpo Productions e de Oprah Winfrey. Visitantes e funcionários alegam ouvir riso de crianças, música, vozes sussurrantes e lamentos de cortar o coração no edifício. Também há relatos de aparição, apelidada "Dama Cinzenta". Um exército de passos ecoa pela escadaria do saguão enquanto portas são batidas por mãos invisíveis com bastante frequência.

Ela Assombra
as Ondas

Será que Theodosia Burr Alston pulou para a morte enquanto viajava a bordo da escuna *Patriot*, em 1813, depois de a embarcação ser subjugada por piratas ou será que foi vítima da própria loucura anos depois? Theodosia, ou Theo, como era mais conhecida, era filha de Aaron Burr, vice-presidente de Thomas Jefferson e também o habilidoso duelista que matou Alexander Hamilton. Com seu embarque no *Patriot* na véspera do Ano-Novo de 1812, para visitar o pai após a morte de seu jovem filho, a história completa de Theo ainda é um mistério.

Jovem, bonita e muito bem-sucedida, Theo era filha única dos Burr. Depois que a mãe faleceu, Theo assumiu o papel de anfitriã da propriedade da família em Richmond Hall, Albany, Nova York, enquanto ele navegava as águas turbulentas da política. Dedicada ao pai, Theo era companhia excelente, e encantava os homens com facilidade, inclusive Alexander Hamilton, o homem que seu pai, por fim, mataria após áspera discussão. Em 1880, conheceu Joseph Alston, por quem se apaixonou. Os dois se casaram um ano depois, e se mudou com o marido para a fazenda "Os Carvalhos", propriedade da família Alston, na Carolina do Sul.

Enquanto estabelecia o lar no calor e na umidade sulista que lhe era pouco familiar, a vida de Theo começou a se desmantelar. Um parto complicado trouxe o amado filho, Aaron Burr Alston, para suas vidas, mas a deixara fraca e incapaz de lidar com as exigências da maternidade. A depressão anuviava seus dias. A eleição bem-sucedida de Joseph para governador da Carolina do Sul a sobrecarregou ainda mais, e sua saúde declinou. Lutou para se sobressair tanto nas obrigações familiares como no novo papel de primeira-dama da Carolina do Sul, a pressão cobrou seu preço. À medida que a carreira política do pai se enredava em escândalos, como o duelo da morte de Hamilton, popular ex-secretário do Tesouro, ela estava determinada a ser forte no julgamento do pai por assassinato. Ao ser inocentado, Burr se ressentiu com aqueles que acreditava ter agido contra ele. Alguns anos depois, e planejando se estabelecer como líder da nova nação formada pelos estados a oeste das Montanhas Apalaches, ele agora enfrentava acusações de traição pelo governo dos Estados Unidos. Sem apresentar provas substanciais, o caso do governo caiu por terra e Burr foi declarado inocente — ao menos, pela lei. O tribunal da opinião pública, ainda não o tinha perdoado pelo assassinato de Alexander Hamilton, e passou a evitar o antigo vice-presidente. Em autoimposto exílio, Burr partiu para a Europa, onde permaneceu durante alguns anos. Depois de viajar constantemente para ficar ao lado do pai nos julgamentos, Theo agora tinha de encarar seus demônios sozinha.

A tragédia se abateu em 1812, quando Theo e Joseph se mudaram para a casa de veraneio, "O Castelo", na praia de DeBordieu, para fugir do calor opressivo da fazenda. Seu filho, acometido de malária, morreu algumas semanas depois da mudança. Aaron Burr retornou a Nova York para ficar mais perto da filha, e a convenceu a ir a seu encontro depois das festas de fim de ano. Os britânicos já faziam investidas agressivas contra os Estados Unidos, e os rios navegáveis que subiam a costa eram sabidamente perigosos; Joseph aconselhou a esposa a não viajar, mas cedeu, visto que Theo não descansaria até estar de novo com o pai.

Joseph redigiu, então, salvo-conduto que esperava que a deixasse passar pela inspeção do comandante britânico caso o navio fosse abordado, e ficou para trás, a fim de lidar com questões de negócios, enquanto a esposa embarcava na escuna *Patriot* na véspera do Ano-Novo de 1812.

A viagem para o norte era de cinco a seis dias. Instalada em confortável cabine abaixo do convés, Theo guardou os baús de roupas necessárias para a temporada de convidados dos quais voltaria a ser anfitriã enquanto em Nova York, e um retrato de si mesma para dar ao pai. Na segunda noite, o *Patriot* encontrou um navio britânico, mas, de fato, graças ao salvo-conduto, a embarcação foi liberada.

Depois disso, o destino final do navio é um mistério.

Foi registrada uma tempestade, que castigou a costa do cabo Hatteras, na Carolina do Norte, transformando-a em caos, e o *Patriot* pode ter sido tolhido pelas ondas e afundado no famoso "Cemitério do Atlântico". Muitos navios compartilharam destino parecido ao se chocar contra as rochas do litoral traiçoeiro.

> *O oceano é mais antigo que as montanhas, e imensamente carregado de memórias e sonhos do tempo.* — **H.P. Lovecraft**

Outra teoria é que o navio foi atraído para naufragar sozinho pelos *mooncussers* — piratas de terra firme que amarravam uma lamparina em volta do pescoço do animal e conduziam a besta ao longo de penhascos que davam para o litoral. (Eram assim chamados porque gritavam xingamentos — cuss, em inglês — para a lua — *moon* — por frustrar seus planos quando brilhava sobre a água e alertava as vítimas potenciais.) Acreditando que o brilho pudesse ser de farol ou porto amigo, os navios em meio as tempestades seguiam direto para a perdição, e a tripulação e passageiros eram saqueados e assassinados por tais piratas. De fato, um *mooncusser*, no leito de morte, ao se confessar a um repórter do Alabama, em 1833, disse que ele e os outros haviam matado todos a bordo do *Patriot* em Nags Head, quando o navio cometeu o erro de confiar na falsa luz. Quinze anos depois, outro pirata, "Old Frank" Burdick, contou a mesma história, de como segurara a prancha para uma linda mulher vestida de branco enquanto permanecia vacilante em cima da tábua, implorando que os homens avisassem ao marido e ao pai do que lhe acontecera. Burdick relatou como, após a morte dos passageiros, ele e os piratas saquearam o navio e encontraram o retrato da mesma mulher na cabine principal. Em seu livro *More Great Southern Mysteries* (Mais Grandes Mistérios Sulistas), R. Randall Floyd conta que o homem chamara uma das passageiras de "Odessa" Burr Alston, e que ela escolhera a morte ante a perspectiva de dividir a cama com o capitão dos piratas.

Mas será que esse foi mesmo o fim de Theodosia? Uma história conta que quando os *mooncussers* invadiram o navio, o tênue controle de sua mente por fim se foi. Os piratas jogaram a mulher e o retrato que se recusava a entregar em um bote, e a deixaram se afastar noite adentro. A embarcação encalhou em Outer Banks, e a mulher foi acolhida por um pescador e sua família, ainda que ninguém conseguisse descobrir o nome nem por que ela se agarrara de tal forma ao retrato. Conforme os anos passavam, sua saúde minguava. Um médico foi chamado à casa do pescador para cuidar da mulher, e o retrato foi oferecido ao médico como pagamento pelos serviços. Reza a lenda que a idosa se ergueu da cama em protesto, e declarou que o retrato era de si mesma e que estava a caminho de Nova York para ver o pai. Então, arrancou a pintura da parede, correu para praia e entrou no mar, para nunca mais ser vista. O retrato foi levado pela correnteza de volta à areia no dia seguinte. O médico o recuperou e voltou com ele para a casa, em Elizabeth City, Carolina do Norte. Hoje, o retrato pertence a um descendente da família Burr, que o comprou de vendedor de artes depois que a família do médico decidiu se livrar dele.

O espírito de Theodosia ainda procura seu retrato perdido ao longo do trecho de terra próximo ao farol do cabo Hatteras. Em seu longo vestido branco emaranhado por vento invisível, ela ainda procura o caminho de casa. Seu fantasma também é visto ao longo das trilhas que cruzam o antigo lar, a fazenda Os Carvalhos, ao longo da costa, perto da casa de veraneio, e flutua acima das ondas de Huntington Beach, Carolina do Sul.

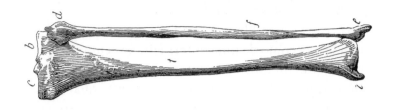

Black Aggie

Escondido em pátio sereno atrás da Dolley Madison House, esquina da H Street com a Madison Place, em Washington, DC, repousa o monumento agourento e encapuzado de Black Aggie, em tamanho real. Sua história se estende por quase um século, e envolve boatos sobre loucura, gravidez perdida e possível morte para aqueles que escolhem visitá-la em seu antigo lar em Pikeville, no cemitério Druid Ridge, Maryland.

Será que a perturbação de Aggie teve origem em sua origem sombria? O Memorial Adams, que dizem ter sido apelidado de "Pesar" por Mark Twain em 1906, se encontrava próximo ao túmulo de Marion "Clover" Adams, esposa de um descendente do presidente John Quincy Adams. Após ela tirar a própria vida, em 1885, o marido empregou o artista Augustus Saint-Gaudens para erigir um lembrete de sua grande perda no cemitério Rock Creek, Washington. A obra de arte era surreal, de semblante sereno, mas doloroso. Adams negou todos os pedidos de que cópias do monumento para visitação pública, e pranteava sozinho junto à escultura.

Anos depois, o general Felix Agnus, veterano da Guerra Civil e editor dos jornais *Baltimore American* e *Baltimore Star*, contratou o escultor Eduard L.A. Pausch para criar seu próprio monumento para o jazigo da família. Sem o conhecimento de Agnus, Pausch copiou o Memorial Adams para criar a nova escultura de bronze, e disse a Agnus que tinha autorização para a duplicata. Quando a nova estátua foi descoberta, a viúva de Saint-Gauden não foi capaz de persuadir Agnus a abrir mão do monumento, e ele foi enterrado sob suas sombras, em 1925.

Os boatos da ira de Black Aggie logo invocaram histórias tanto de uma bruxa como de uma enfermeira executada injustamente, que, de algum modo, foram enterradas a seus pés. Dizia-se que seus olhos ficavam de vermelho incandescente quando o relógio batia meia-noite, e qualquer um que fitasse seu rosto cegava no mesmo instante. Qualquer mulher grávida que cruzasse a sombra onde não crescia grama abortava, e aqueles tolos o bastante para se sentar no colo dela em noite sem lua eram esmagados pelos braços gélidos e arrastados para o inferno. Uma história encantadora.

A lenda cresceu até que multidões de visitantes passaram a viajar para ver o monumento, por conta da fascinante lenda da estátua que espalhava a vingança da mulher injustiçada. Fraternidades locais realizavam partes dos ritos de iniciação no monumento: os candidatos tinham de passar a noite encostados no túmulo do general Agnus, de costas, sem se atrever a virar para trás. Certa noite, enquanto um candidato jazia aos pés de Aggie, dois irmãos da fraternidade sentiram mudança no ar entre eles à medida que sombras rodeavam o rapaz. Quando alertaram o rapaz, Black Aggie supostamente esticou os braços para agarrá-lo, puxando-o para seu abraço sombrio. Assustados, os irmãos da fraternidade fugiam do local quando encontraram o vigia noturno do cemitério. Depois de ouvir a histórias dos rapazes, o vigia foi até o monumento, onde encontrou o corpo do jovem — morto, ao que parece, de medo.

Ao longo dos anos, Black Aggie foi relegada ao abandono. Incapaz de lidar com os vândalos e vagabundos, a estátua foi pichada e abandonada pelos funcionários do cemitério. No esforço para restringir ainda mais depredações, a família Agnus doou o monumento ao Instituto Smithsoniano em 1967, e lá se perdeu na confusão de artefatos. Descoberto outra vez no final da década de 1980, foi transferido para seu atual local de repouso, no lado leste da Lafayette Square. Nenhum relato a respeito de mais travessuras foi reportado.

A Ponte Golden Gate

Atravessando a baía de San Francisco e construída em 1937 para ligar San Francisco ao condado de Marin, na Califórnia, essa maravilha arquitetônica se estende por pouco mais de um quilômetro através do estreito Golden Gate, e recebe as águas do oceano Pacífico. Pintada de laranja-avermelhado brilhante, a ponte é um dos marcos preferidos da cidade costeira, e apreciado destino turístico. A ponte tem seu lado sombrio, contudo, por ser o local número um de suicídios no mundo. Com mais de trezentas mortes registradas, a ponte Golden Gate é anfitriã para um suicida a cada duas semanas mais ou menos, desde a primeira vítima de suicídio, Harold B. Wobber, que supostamente caminhava sem pressa ao longo da ponte pênsil, bateu papo com um turista e então pulou por cima da lateral, dez semanas após a inauguração da ponte.

Com frequentadores suicidas favorecendo a vista do lado leste do estreito que se abre para a afamada cidade, o total de mortes aumentava à medida que os desesperançados escolhiam o caminho trágico até a água e as rochas abaixo. Os jornais mantinham a contagem contínua dos suicídios até que o número se aproximou de mil. Àquela época, escolheram parar e evitar qualquer glorificação das mortes e de que alguém reivindicasse a notoriedade de ser o milésimo corpo retirado das águas frias da baía. Hoje, o resíduo psíquico dessas vítimas pode ser sentido e ouvido pelos visitantes. Em noites imersas na profunda névoa de San Francisco, os transeuntes às vezes ouvem os gritos dos suicidas enquanto a bruma os envolve.

> *O mundo é cheio de fantasmas, e alguns deles ainda são pessoas.* — **Peter Straub**

Corpos despencando das alturas não são as únicas coisas que assombram essa afamada ponte. Em 1853, o poderoso USS *Tennessee* se chocou contra as rochas pontiagudas do estreito Golden Gate. A corrente puxou o navio a vapor com bastante rapidez para dentro das águas envoltas pelo nevoeiro, ainda que, por sorte, os 550 passageiros e o carregamento de quatorze baús de ouro tenham conseguido desembarcar no local chamado hoje de enseada do Tennessee. Desde o naufrágio, houve relatos de avistamentos do navio passar por baixo da ponte Golden Gate e adentrar a bruma. Em uma dessas ocasiões, a tripulação do USS *Kennison* contou ter visto os conveses abandonados do *Tennessee* conforme passava pelo navio, em novembro de 1942, sem ao menos um *blip* no radar.

Ponte de Londres

Construída em 1831, a Ponte de Londres, que se estende acima do rio Tâmisa, estava mesmo caindo,[2] devido à tensão do tráfego moderno. Os governantes da cidade decidiram colocá-la à venda, em 1962, e a famosa ponte foi arrematada por um empresário norte-americano, que a desmontou e remontou, pedra por pedra, no lago Havasu, Arizona. Com as partes previamente codificadas para facilitar a remontagem do enorme quebra-cabeça, foram necessários quatro anos para que quarenta trabalhadores voltassem a erguer a ponte no meio do deserto, projeto concluído em outubro de 1971.

2 Referência à cantiga de roda inglesa "London Bridge is Falling Down" (A Ponte de Londres Está Caindo), também conhecida como "My Fair Lady" (Minha Cara Dama), composta em 1744 sobre a ruína e a reconstrução do monumento. [NT]

O prefeito de Londres consagrou a grandiosa reinauguração da ponte. A nova atração turística apresentava variedade de pubs e lojas com temas ingleses em volta dos arcos de pedra. Durante a cerimônia, uma mulher viu quatro figuras em vestimentas britânicas antiquadas caminharem pela ponte. Supôs serem atores pagos para emprestar ao local certa atmosfera, e não deu importância àquilo — até desaparecerem diante de seus olhos e dos de outros. Já que se supõe que isso seja assombração residual, é possível que o material utilizado na construção da estrutura tenha absorvido as lembranças do passado da ponte: acredita-se que granito armazena energia, liberando-a quando as condições são favoráveis para o sobrenatural.

Na calada da noite, as almas dos que se despediram nas pontes assombradas querem ser lembradas.

Depois de a ponte ser desmontada em Londres, antigas catacumbas foram encontradas sob a área. Identificadas como cova comunitária para enterrar as vítimas da praga, as criptas continham restos mortais humanos, que durante seiscentos anos podem ter se apegado ao local onde a antiga ponte se erguia; o mesmo material teria sido usado para reconstruir a ponte reerguida no Arizona.

Outros fantasmas que caminham pela ponte para lugar nenhum são um homem e uma mulher que passeiam pela extensão da ponte à noite, e a mulher vestida de preto, que anda de um lado a outro das pedras para então parar, pular e desaparecer nas águas abaixo.

Cidade Fantasma: Garnet, Montana

Uma das minhas primeiras experiências com o paranormal aconteceu na visita a uma cidade fantasma no noroeste dos Estados Unidos, enquanto estava de férias. Hoje, é de se esperar que uma cidade fantasma venha com as pressupostas assombrações residuais ou, pelo menos, com uma casinha assustadora. Essa cidade de Garnet, Montana, teve seu quinhão de construções decrépitas, visto que ficava aninhada em vale minúsculo nas montanhas. Cidade mineradora, outrora teve as riquezas da montanha na palma das mãos, e os mineradores afluíam até lá para arrancar essas riquezas por entre os dedos da encosta. Garnet prosperou e enriqueceu durante algum tempo, mas, quando o ouro se esgotou, o mesmo aconteceu com os mineradores, que deixaram para trás hotel, empório, casas dilapidadas e enormes buracos nas colinas circundantes.

Minha família, e outros turistas curiosos, perambulou pelo que restou da cidade, para ter a noção de como era em seus dias de glória. Não foi difícil imaginar homens sujos e desesperados saírem do interior da montanha; o que sobrou das choupanas contava a história melhor do que qualquer anúncio que a Secretaria de Gestão de Terras fornecesse. Móveis arruinados, panelas enferrujadas largadas ao redor das choupanas imundas, e a sensação de fracasso permeava as paredes capengas das casas. Por que não teria assombração? Era como se tudo que jamais tivesse existido ali fosse isso.

*Os fantasmas também querem companhia,
não querem um cidade vazia e esquecida
no meio do nada* — **Ed Warren**

Entrei devagar no hotel. Outrora houve certa grandiosidade; agora se parecia com a mulher arruinada por homens demais e falta de amor-próprio. O gesso descascava das paredes e pesadas mesas se encontravam no meio da sala de jantar do primeiro andar, estranhamente orgulhosas por suportar a passagem do tempo e ser capazes de exibir os ferimentos deixados por disparos de armas de fogo e copos jogados em antigas discussões ébrias. Segui minha família até o andar superior para ver os quartos, com divisões de acrílico para poder espiar seu interior, mas não entrar. Em alguns quartos, as janelas foram deixadas descobertas; os raios do sol conseguiam atravessar o vidro sujo e caíam nas camas recuperadas do hotel, e cobertas com colchas antigas. Em outros, as janelas estavam cobertas e a luz poeirenta brilhava através das tábuas que escondiam o vidro. Esses quartos armazenavam o que parecia lixo de cem anos. Cobria o piso e subia pelas paredes; tinha cheiro de decomposição, e fazia você querer se afastar. Naturalmente, não consegui.

À medida que chegava mais perto, sentia em meus ouvidos o pulsar do coração e meu nariz estremeceu. Eu me sentia zonza e queria sair correndo. Enfiei a cabeça dentro de um quarto e de imediato senti alguma coisa correr em minha direção. Não sou exatamente médium — apenas o bastante para saber quando é preciso dar o fora. Se conseguisse descrever a sensação, diria que era dor, gritos e confusão, tudo em minha direção de uma vez. Recuei e meu gene investigativo foi acionado. Verifiquei outros quartos para ver se experimentava outras ocorrências parecidas, e de maneira casual perguntei ao meu marido se viu algo fora do normal. Esse homem é tão intuitivo quanto um tijolo. "Nada que uma vassoura não desse conta", respondeu.

Sabia que sentira algo incomum e fiz outro teste antes de sair do edifício. Mais uma vez, o coração acelerou e o nariz formigou; contudo, dessa vez não houve ataque de emoções em minha direção. Podia sentir que a coisa estava sentada, enrolada no canto, entre o lixo e a sujeira, à espreita, enquanto saía de vista e descia a escada, em fuga para a luz.

CAPÍTULO 06

Desde piratas malfadados à procura de tesouros escondidos ao longo da costa da Virgínia até a sombra da mulher capturada nos acordes da melodia há muito esmaecida enquanto viajava no *Queen Mary*, navios podem ser um viveiro para atividades sobrenaturais. Enquanto os marinheiros cruzam os mares, mortes acontecem: a queda do cordame alto no duro convés de madeira, ou a fúria da batalha conforme os marinheiros decidem em um instante se lutam ou sofrem as consequências da covardia. Outros ficam presos na lembrança: a celebração tarde da noite é ouvida no convés inferior enquanto um lunático pilota o navio de encontro às rochas, deixando o *Lady Lovibond* viajar por seu curso fantasma durante séculos.

A água é associada com a retenção de fenômenos paranormais. Será que os navios podem ser portal flutuante para o outro mundo?

RMS *Queen Mary*

Opulento, imponente e sobrenatural à beça, o RMS *Queen Mary* se encontra no presente ancorado regiamente no porto de Long Beach, Califórnia, e aguarda convidados e a safra noturna de novos caça-fantasmas. Construído em Clydebank, Escócia, iniciou sua longa carreira cruzando o Atlântico em 1936, no transporte da elite mundial através do Atlântico Norte como o orgulho da empresa Cunard Line, até a eclosão da Segunda Guerra Mundial na Europa em 1939. O transatlântico foi, então, comissionado para transportar tropas, que quase dobraram a capacidade de 2.410 para 5.500 passageiros a bordo do navio de 305 metros. Apelidado de "Fantasma Cinzento" depois de passar pela transformadora pintura de camuflagem para se mesclar com as ondas do oceano, o *Queen Mary* transportou mais de 800 mil tropas até o final da guerra. Apesar de evitar contato com embarcações inimigas durante a guerra, o *Queen Mary* não escapou da tragédia. Em 2 de outubro de 1942, o navio colidiu contra um dos cruzadores que o escoltavam, o HMS *Curacoa*. À medida que atravessava a embarcação menor, 338 marinheiros do *Curacoa* foram abandonados para se afogar, visto que era contra a política de tempos de guerra retornar para resgatar sobreviventes. Depois da guerra, o navio foi reformado e devolvido às requintadas raízes, em julho de 1947.

No início da década de 1960, o glamour outrora associado à travessia oceânica por navio tinha desvanecido à medida que a viagem área se tornava mais acessível. O *Queen Mary*, com falta de ar-condicionado e piscinas ao ar livre, não demorou a se transformar em relíquia. Em 1967, foi vendido à cidade de Long Beach para virar hotel e museu marítimo. Após mais de mil travessias pelo oceano, o transatlântico luxuoso afinal retornara para casa.

Desde a atracação, os funcionários do hotel e os visitantes relatam múltiplas assombrações. Reconhecido como um dos destinos mais sobrenaturais do mundo, estima-se que 150 espíritos vaguem a bordo do Fantasma Cinzento. Batidas misteriosas nas paredes, vozes desencarnadas, objetos errantes e até mesmo a aparição ocasional de conjunto de pegadas molhadas no deque da piscina vazia se somam ao mistério da grandiosa dama.

Um fantasma sem sorte visto com regularidade é o de John Peddler, de dezoito anos. Em 10 de julho de 1966, a porta estanque número 13 esmagou Peddler durante exercício de treinamento na sala dos motores, na parte do navio conhecida como Shaft Alley.[1] Devido à frequência com que as pessoas veem o espírito do jovem barbado vestido de macacão azul nesse local, ele é conhecido como o "Espectro de Shaft Alley".

Está com vontade de nadar? As famosas piscinas do *Queen Mary* são os *points* paranormais para o grupinho sem batimentos cardíacos. A piscina da primeira classe, fechada há décadas, está envolta em relatos de damas em trajes de banho da década de 1930 cabriolando em volta da piscina recém-esvaziada, assim como de uma mulher de minissaia. Outras atividades incluem conjunto de pegadas molhadas em direção ao vestiário do convés e ruídos de borrifos fantasmagóricos na piscina, segundo testemunhas. Na área da piscina da segunda classe, o espectro de Jackie, a garotinha que se afogou, é ouvido e sentido com frequência pelos hóspedes. Jackie também já foi vista em outras áreas do navio.

O fantasma do oficial de Náutica W.E. Stark já foi encontrado zanzando pelo convés e por seu antigo alojamento. Em setembro de 1949, Stark bebeu de uma velha garrafa de gim com tetracloreto e suco de limão, sem se dar conta de que a garrafa fora reutilizada para armazenar o líquido de limpeza. O oficial entrou em coma e morreu três dias depois para então retornar na forma espectral.

Bem fundo, no casco do navio, perto do armário do contramestre, investigadores registraram estranhos ruídos de

---

[1] Passagem que se estende a partir da sala dos motores à popa e que contém o eixo do propulsor. [NT]

pancadas. Essa foi a área que se chocou contra o *Curacoa* — será esse ponto específico do navio preso na assombração residual daquele dia fatídico?

Uma das histórias mais arrepiantes a respeito do enorme navio vem de seus dias de transporte de tropas. Enquanto os homens se preparavam para a guerra, seus pensamentos se voltaram para o estômago. O cardápio do cozinheiro era supostamente tão terrível que os homens se revoltaram, enfiaram o cozinheiro dentro do forno, onde queimou até a morte. Seus gritos finais são ouvidos na área da cozinha.

Se você vai ficar no hotel e quer um pouco de atividade paranormal, peça para ficar próximo à cabine B340. Reza a lenda que o fantasma de um comissário não consegue atravessar para o outro lado e causa certa balbúrdia. Torneiras se abrem por conta própria e lençóis são jogados ao redor do cômodo, além de outros fenômenos inexplicáveis, forçaram o hotel a não alugar mais esse quarto para hóspedes.

Uma mulher foi vista se balançar com delicadeza ao som da música de melodia há muito esquecida na área do Salão da Rainha, outrora o saguão da primeira classe. De vestido branco farfalhante, acredita-se que está apegada a um piano em particular, e, de tempos em tempos, desliza em valsa pelas sombras da sala. Será que pode ter sido uma das estrelas que cruzaram o Atlântico durante os dias de glória do transatlântico? Celebridades como Elizabeth Taylor, Mary Pickford e Greta Garbo costumavam navegar em grande estilo, assim como dignitários como Winston Churchill e o duque e a duquesa de Windsor, enquanto o *Queen Mary* cortava as ondas agitadas do Atlântico. Minha pergunta é: quem a Dama de Branco espera?

Conforme chegam mais relatos de atividade paranormal nessa incrível embarcação, o Queen Mary Hotel abraçou a reputação fantasmagórica e oferece passeios e investigações espirituais a bordo do navio. Certifique-se de pedir quarto com bu incluso!

USS *Constellation*

O sopro de pólvora passa pelo nariz aguçado de um oficial da Marinha, em 1955, ajudou a cimentar as lendas da assombração no USS *Constellation*, ancorado em Baltimore, no Porto Interior de Maryland. O oficial fotografara a bordo do antigo navio por volta da meia-noite para matéria do *Baltimore Sun*, e sentiu o odor de balas de outros tempos, soprado pelo porto aberto. Quando foi publicada com a fotografia do homem acompanhado de figura indistinta que marchava no convés superior, a história fantasmagórica do *Constellation* começou a se desenrolar, além do mistério de como a encarnação de dois navios chamados *Constellation* viria a se tornar o local de repouso de inúmeros fantasmas.

Construído em Maryland, em 1797, o primeiro navio a receber o nome era uma fragata de 36 canhões. Junto de seus navios irmãos, o USS *Constitution* e o USS *United States*, sua missão era proteger as novas embarcações da nação de ataques de piratas que vagavam pelas águas da costa do norte da África e do Caribe. O projetista do *Constellation*, David Stodder, deu ao navio linha de proa bastante marcada, o que faz com que corte as ondas com mais rapidez do que os outros, e por isso ganhou o apelido "Cavalo de Corrida Ianque". O capitão, Thomas Truxtun, veterano da Guerra da Independência com opiniões fortes a respeito de disciplina, comandava a tripulação com mão eficiente e rigorosa, a fim de manter todos vivos.

Um mês após adentrar águas perigosas perto da ilha de Nevis, nas Índias Ocidentais, o *Constellation* entrou em batalha contra o navio francês *L'Insurgente*, em 1799. O *Constellation* reduziu a embarcação francesa a pedaços de madeira pelo mar, e estava a caminho de se tornar uma das principais máquinas de guerra dos Estados Unidos. Todavia, durante a batalha, um dos marinheiros falhou. Neil Harvey pegou no sono ou, o mais provável, abandonou seu posto, e foi considerado culpado de covardia e, assim, de traição durante o conflito. Truxtun não demonstrou misericórdia pelo homem, ordenou que Harvey fosse amarrado à boca do canhão e dilacerado pela vindoura explosão da bola que rasgaria seu corpo. O médium Sybil Leek visitou o navio com Hans Holzer anos depois. Descrevendo o homem no livro de Holzer, *Ghosts: True Encounters with the World Beyond* (Fantasmas: Encontros Verdadeiros com o Além), Leek disse que ele era incapaz de se materializar porque "estava em pedacinhos e, portanto, lembrava de 'si mesmo' dessa maneira repugnante".

A embarcação navegou ao redor do mundo, protegeu navios na costa da América do Sul e visitou portos no Havaí e na China antes de ancorar em Norfolk, Virgínia.

O segundo *Constellation* foi reconstruído como chalupa em 1853, e grande quantidade da madeira velha da fragata anterior. Voltou ao serviço ativo em 1859, por conta do fragor da Guerra Civil que começava; seu trabalho agora era interceptar navios negreiros a caminho da costa sul dos Estados Unidos. Após o término do tempo de serviço na guerra, o navio retornou à doca e

iniciou lento processo de apodrecimento. Rebocado para o porto de Baltimore, em meados da década de 1950, depois que um grupo de cidadãos preocupados arrecadou dinheiro para salvar a velha embarcação, o *Constellation* permaneceu aguardando reparos. Foi então que histórias de fantasmas se esgueirando pelo convés do navio abandonado começaram a circular.

Será que o odor de pólvora que o oficial da Marinha sentiu era lembrete dos antigos danos que o *Constellation* suportara cem anos antes? A fotografia no jornal mostrava um homem de braço esticado até a cintura, como prestes a sacar a espada contra intruso indesejado no convés do navio. A figura poderia estar de dragonas douradas, sinal da patente de capitão. Poderia ser o capitão Truxtun defendendo mais uma vez seu navio contra piratas? Em 1964, um padre católico passeava pelo *Constellation*. Depois que terminou de explorar a embarcação, elogiou a equipe pelo guia — homem de uniforme naval do final do século XVIII que lhe mostrou o funcionamento interno do grande navio. A equipe admitiu não haver guia fantasiado a bordo do *Constellation* naquele momento.

> *Não é do escuro que eu tenho medo. É do que tem no escuro.* — **O Demonologista**

Há relatos de que Truxtun foi visto no navio acompanhado do cheiro de pólvora com outras pessoas. Visitantes descreveram sentir a energia girar ao redor deles, como se estivessem presos no furor da batalha, com homens correndo para seus postos e se preparando para o pior. Essa impressão psíquica de medo e agitação pode ser responsável por manchar os conveses de madeira de um dos navios mais antigos da Marinha dos Estados Unidos com assombração residual. Talvez o resultado daquelas batalhas tenha culminado nas mortes de dois membros da tripulação. A assombração vista com mais frequência retrata um que se enforcou e agora é visto pelo convés de bateria e do castelo de proa, e o outro membro da tripulação é visto correr para salvar sua vida no convés superior.

Outros relatos de um menininho fazem parte dos mistérios que cercam o navio. Era comum ter garotos como ajudantes a bordo, quer levando pólvora para os marinheiros carregarem as armas, quer como auxiliares cirúrgicos do oficial médico. Sylvia Leek sentiu presença de criança assassinada por dois marinheiros — ou por acidente, ou de maneira intencional; seu espírito vaga pelo navio à procura do caminho para casa.

Diz-se que alma recém-finada retornou ao navio histórico. Um vigia chamado Carl Hansen percorreu a embarcação por anos em meados do século xx até perder o emprego para um sistema de alarme. Diz-se que seu espírito aparece no convés inferior para jogar uma rodada de baralho, e certa vez foi visto sentado ao lado de uma jovem na festa de Halloween.

O uss *Constellation* está aberto ao público no Porto Interno de Baltimore, no Píer 1.

O *Holandês Voador*: O Arauto da Morte

Um lembrete: quando se deparar com a escolha entre ser petulante com o Diabo e amaldiçoado a navegar os terríveis mares por toda a eternidade ou rodear tranquilamente o cabo da Boa Esperança, na África do Sul, escolha este último. A lenda do *Holandês Voador* tem tantos tentáculos quanto o kraken, cada um deles com sua própria advertência desesperada de morte e destruição para aqueles tolos o bastante para aguardar o retorno do navio durante a tempestade.

O nome *Holandês Voador* se refere ao capitão do navio. Na versão holandesa, o capitão do século XVII se chamava Van Straaten, apesar de ser mais conhecido na tradição marítima como Hendrick Van der Decken. Visto que o mau tempo ameaçava ocultar o cabo em uma das viagens, seus homens imploraram para que manobrasse o navio para águas seguras ou ancorasse no porto. Enquanto gritava para os céus que não teria a chance de contornar o afamado ponto perigoso da África do Sul, a tripulação se amotinou. Em ataque de fúria, Van der Decken matou o líder dos amotinados e jogou o corpo por cima do costado, enquanto as nuvens e a morte deles se aproximavam. Quando o cadáver do marinheiro atingiu a água, o vento cessou imediatamente, e a tempestade interrompeu o avanço. Sombras giraram sobre o convés, contorceram-se na forma de homem, até que o Diabo em pessoa apareceu diante do capitão. Com a mente embotada pelo orgulho e embriagada pelo poder, Van der Decken disparou a pistola contra a entidade. O Diabo odeia isso e amaldiçoou o capitão e a tripulação a navegar pelos oceanos até o Dia do Juízo Final, e levar a morte para todos aqueles que os descortinassem na água. Para deixar tudo mais desconfortável, o Diabo acrescentou que a bile seria a bebida deles e a carne o ferro incandescente. Acho que ele só estava sendo mesquinho.

Outra versão dá conta de que o capitão do navio assombrado disputava o costumeiro jogo de dados com o Diabo, muito parecido com a lenda escocesa do quarto secreto do castelo de Glamis, onde a dupla jogava pela alma do lorde. Van der Decken perdeu, e ele e seus camaradas foram fadados a navegar sem nenhum porto para recebê-los — nada de descanso para os perversos. Outra história do *Holandês Voador* afirma que o navio se aproximava das embarcações com o pretexto de trocar cartas para levar ao porto seguinte. Se as cartas fossem abertas e lidas, no entanto, o navio encontraria fim terrível.

Uma adaptação da lenda dava ao capitão segunda chance para se redimir. A cada sete anos, o navio poderia ancorar em um porto, dando a Van der Decken tempo para encontrar mulher que o amasse de maneira incondicional — mas, como o navio ainda navegasse, suponho que essa coisa de "tripulação de mortos" deve ser um balde de água fria.

Conforme o *Holandês Voador* se transformava em malicioso folclore, avistar o navio se tornou prenúncio de desastre para os azarados o bastante para vislumbrar suas velas nebulosas. Histórias de marinheiros que entraram em conflito com o *Holandês* falam de doenças que se espalharam por suas fileiras, resultando em algumas mortes, e alimentam a notoriedade da lenda. Vislumbrar a tripulação de mortos no convés do navio apodrecido era às vezes tido como aviso de cuidado com a própria posição, pois uma tempestade os alcançaria em breve — muitos navios retornavam para porto seguro em vez de arriscar o desafio da embarcação fantasma. Ao longo do cabo da Boa Esperança há relatos de avistamento do navio desde o século XVII. Quando um navio britânico retornou de viagem, em 1835, a tripulação contou como o *Holandês Voador* se aproximou tanto que temeram que os dois navios colidissem — e então misteriosamente desapareceu.

O navio britânico HMS *Bacchante*, em 1881, circundava a ponta do continente africano quando viu surgir bem adiante o *Holandês Voador*. O vigia da gávea forçou a vista para enxergá-lo contra as águas escuras da manhã de 11 de julho. Um dos homens no *Bacchante* registrou em anotações que viram o navio banhado em luz vermelha; porém, quando os marinheiros correram para o castelo de proa, para poder ver melhor, não havia sinal da existência do imponente navio. Treze pessoas o viram às 4h, e às 10h45 o marujo que fora o primeiro a alertar a tripulação caiu do mastro da gávea e "se estatelou no convés". Um dos guardas-marinhas na viagem era o futuro rei George V da Grã-Bretanha, que escapou da maldição, mas nunca se esqueceu do breve encontro com o navio desventurado.

Inúmeros relatos de avistamentos do *Holandês Voador* continuaram até o século XX. Na primavera de 1939, dúzias de pessoas na praia, na costa da África do Sul, relataram tê-lo visto. Apesar das dúvidas quanto à familiaridade da maioria delas com os cordames de navio mercante de trezentos anos, os relatos detalhados da aparência da embarcação antes que sumisse diante de seus olhos emprestaram nova vida à história da antiga nau. O *Holandês Voador* finalmente sumiu de vista em 1941, com o último relato de o navio navegar para longe da costa da Cidade do Cabo, deslizar para dentro de Table Bay, e desaparecer.

O *Estrela da Índia*

O canto das sereias do mar aberto pode atrair os homens mais corajosos para a morte. A liberdade que buscavam longe dos limites da terra pode ser forte atração, com a promessa de aventura e emprego estável na tripulação de um grande navio. O *Euterpe*, mais tarde conhecido como *Estrela da Índia*, começou sua história em 1863, nos estaleiros em Ramsey, ilha de Man. Um dos primeiros navios feitos de metal, deslizava pelas águas como cargueiro na rota da juta indiana.

Sua primeira viagem começou um tanto difícil. Em 1864, um brigue espanhol bateu no *Euterpe* à noite e danificou assim o pau da bujarrona. A tripulação se recusou a velejar com o navio precisando de reparos urgentes, se amotinou e exigiu que ancorassem em Anglesey, ilha na costa noroeste do País de Gales. Lá, os homens foram presos e forçados a trabalhar duro. Será que amaldiçoaram o navio nas viagens subsequentes, visto que foram arrancados dele? Mais tarde, um ciclone vindo de Madras forçou o capitão Storry a cortar os mastros, e se encaminharam lentamente para Trincomalee, perto de Sri Lanka, e Calcutá, para mais reparos. Enquanto faziam a viagem de volta à Inglaterra, o capitão morreu, e o corpo, como de costume, foi atirado ao mar.

Vendido em 1871 para a empresa Shaw Savill Line de Londres, o *Euterpe* transportou um tipo diferente de carga para o Oeste. Emigrantes enfrentavam os ventos frios do Atlântico, a caminho de Nova Zelândia, Austrália, Califórnia e Chile. Após 21 anos de viagens bem-sucedidas ao redor do mundo, o navio foi então vendido para muitos donos diferentes, até 1906, quando foi renomeado *Estrela da Índia* pela Associação de Empacotadores do Alasca, de San Francisco. Em 1923, o navio não estava mais em serviço, substituído pelos navios a vapor mais rápidos e eficientes da época. O *Estrela da Índia* foi rebocado para San

Diego em 1926. Uma restauração foi planejada para transformá-lo na peça central dos vindouros museu e aquário da Sociedade Zoológica de San Diego. Infelizmente, a Grande Depressão e a Segunda Guerra Mundial interromperam todos os planos, e o navio foi deixado no embarcadouro para apodrecer.

Trinta anos se passaram até que o escritor e capitão Alan Villiers resgatasse o grande navio ao inspirar os cidadãos a inaugurar a Fundação Estrela da Índia em 1959, e arrecadaram fundos para restaurar o navio. Em 1976, o navio estava mais uma vez apto a navegar. Agora abrigado no Museu Marítimo de San Diego, veleja uma vez por ano e está aberto a visitação.

Então, o que caminha pelo convés nas noites tranquilas do sul da Califórnia? Como o quarto navio mais antigo nos Estados Unidos ainda em atividade, tem histórias para contar. Em 1884, John Campbell, adolescente que embarcara clandestinamente, foi descoberto a bordo do *Euterpe* e posto para trabalhar, a fim de pagar a passagem. Enquanto corria pelos mastros, escorregou e caiu no convés, trinta metros abaixo das velas altaneiras, e quebrou ambas as pernas. Seus camaradas o carregaram até o beliche, onde morreu três dias depois. Agora, como aviso para ficarem longe do mastro, visitantes relataram sentir uma mão fria afagar a pele.

Na direção da proa do navio está o tubo de escovém da corrente da âncora. Anos atrás, ao içarem a pesada âncora e zarpar para mar aberto, ninguém notou a ausência de um tripulante. Ele trabalhava no tubo de escovém, e foi esmagado conforme a corrente preenchia o escuro espaço de armazenamento, e seus gritos abafados sob o ruído do maquinário. Hoje, um ponto frio permanece nesse compartimento.

Ainda que há anos ninguém acenda o fogão, relatos indicam aroma de pão fresquinho que atinge em cheio os visitantes na cozinha e nas áreas dos refeitórios. Panelas e frigideiras alinhadas nas paredes são conhecidas por se moverem por conta própria, mesmo enquanto o navio está parado em águas calmas. Talvez até mesmo marinheiros espectrais sintam fome.

Lady Lovibond

Será que foi a superstição que condenou o navio de mastros altos *Lady Lovibond* ou o simples ciúme doentio de um marinheiro inconsolável? De acordo com a tradição marítima, uma mulher a bordo do navio não atrai outra coisa a não ser desgraça. Grande parte dos capitães, por temer que a presença feminina inflame as paixões de homens que estiveram longe e navegaram por tempo demais e, assim, distraísse os marinheiros das tarefas, bania as mulheres do convés antes de irem para mar aberto. Zarpar na sexta-feira também testava o destino, visto que se acreditava ter sido o dia da crucificação de Cristo. Combinado com o medo do número 13, a sexta-feira 13 de fevereiro de 1748 se transformou em urucubaca tripla antes mesmo de o *Lady Lovibond* deixar o porto.

A caminho da cidade do Porto, Portugal, com pesado carregamento de farinha, vinho, carne e ouro, o capitão Simon Peel (também registrado Simon Reed) embarcou no navio com a noiva, Annetta, e os convidados do casamento que o acompanhariam na viagem. Desceram o rio Tâmisa para atravessar o canal da Mancha em límpida noite invernal, não havia nada além do som de comemoração no convés inferior para ser levado por cima das águas escuras.

Diante deles se encontravam os baixios chamados Goodwin Sands, na costa do condado de Kent, perto de Deal, sudoeste da Inglaterra. Estende-se por dezesseis quilômetros e foi outrora, acredita-se, pequena ilha chamada Lomea, tomada pelo mar. A areia movediça reivindicara quase 2 mil navios e incontáveis vidas. Imortalizado por Shakespeare em *O Mercador de Veneza*, o banco de areia tinha reputação que o precedia:

> Goodwins, acredito que o chamam; um local de baixios perigosos e mortais, onde as carcaças de incontáveis navios jazem enterradas, como dizem...

Enquanto os convidados do casamento se banqueteavam no calor dos alojamentos do capitão naquela noite, um marinheiro vagava pelo convés acima. O primeiro imediato do navio, John Rivers, tinha anteriormente cortejado Annetta e sua traição ao se casar com o capitão o levou à loucura. Naquela noite, ele arrancou do anteparo malagueta rombuda que lembrava uma clava e se aproximou por trás do marujo que guiava o navio. Rivers atacou o homem, tomou controle do leme e conduziu a embarcação rumo aos perigosos Goodwin Sands. Quando o navio encalhou, todos a bordo estavam perdidos, vítimas do ódio de um lunático.

Perguntas surgiram durante o testemunho da mãe de Rivers no inquérito. Tinha conhecimento de suas intenções? Declarou ouvir juras de vingança, mas o tribunal não conseguiu provar seus planos, visto que o desastre ocorrera tão próximo de perigo conhecido. Depois que o naufrágio foi decretado como "desventura", a tragédia do *Lady Lovibond* dissipou-se em sussurros nos pubs locais.

Cinquenta anos se passaram desde que o navio afundara sob as ondas, mas, em 13 de fevereiro de 1798, o capitão James Westlake, do *Edenbridge,* relatou ver a embarcação assombrada. Conforme se aproximava de seu navio, evitou por pouco a colisão, ao virar depressa o leme, seus ouvidos captaram, por um instante, o som de festa no convés inferior, enquanto o navio passava. A tripulação de um barco de pesca também relatou ver o *Lady Lovibond* em seus momentos finais naquela noite — observaram o navio encalhar nos Goodwin Sands, e espalhar lascas ao vento e na água. Enviaram botes salva-vidas para resgatar os sobreviventes; encontraram apenas silêncio.

O *Lady Lovibond* apareceu outra vez no seu centésimo aniversário de destruição. Para os aldeões da costa de Deal, pareceu tão real que também enviaram barcos para resgatar sobreviventes. Mas quando os homens se aproximaram do navio condenado, contudo, ele sumiu de vista. O último avistamento registrado do navio aconteceu em 1948. O capitão Bull Prestwick contou às autoridades que a embarcação parecia real, mas emitia misterioso brilho verde. Não houve nenhum avistamento oficial do *Lady Lovibond* em 1998, embora esteja de dedos cruzados para sua aparição à meia-noite em 2048.

O Navio Fantasma da Floresta Assombrada

Algumas áreas são simplesmente perfeitas para assombrações. Longe das águas escuras da baía de Chesapeake, no condado de Mathews, perto de Gloucester, Virgínia, bandos de piratas à procura de tesouro perdido vasculham a mata na área conhecida como Floresta da Casa Velha ou Floresta Assombrada. Tem esse nome graças a uma velha cabana abandonada — que certa vez pegou fogo, mas as chamas se extinguiram espontaneamente, então voltou a pegar fogo, alguns anos depois, e aí sim queimou até virar cinzas —, o terreno densamente arborizado de vinte hectares é o local da aparição de... dois navios fantasmas acima da copa das árvores.

A região era pontilhada de portos movimentados, às vésperas da Guerra da Independência e da Guerra Civil, e também apinhada de corsários, e daqueles dispostos a tirar os produtos de suas mãos, mesmo sem sua permissão. Com baús de itens obtidos muito provavelmente de maneira ilícita, um bando de piratas azarados enterrou o saque às margens do riacho Whites Creek, adjacente à Floresta da Casa Velha, e então partiram, a fim de pilhar mais vilas, para em seguida se afogar no mar. Um fantasma em especial, com o rosto de esqueleto, se ergue da água vestido de pirata, ascende acima das árvores e adentra a floresta. No final do século XIX, um homem contou, que enquanto pescava na desembocadura de Whites Creek, viu o navio fantasma navegar riacho acima e para cima da praia — e para dentro da floresta, visto que flutuava acima do chão. Será que é o mesmo navio que testemunhas oculares viram durante duzentos anos pairando acima das árvores de Whites Creek?

Um galeão espanhol há muito perdido também assombra o riacho. Relatado com as velas enfurnadas em vento ausente ou amarradas com firmeza aos mastros, o navio foi visto flutuar silente acima das testemunhas enquanto o observavam. Ao visitar as margens do Whites Creek, dizem ser possível se virar para a floresta e ver o sulco na linha das árvores onde o navio ancora antes de a tripulação pular para a terra firme. A floresta parece se iluminar com brilho verde sobrenatural enquanto os piratas vasculham a área à procura da última parte do tesouro. Habitantes locais ouvem sons de escavação e de pás atingirem pedras. Reza a lenda que o sinal para que você deixe os piratas em paz é a luz piscar três vezes; caso contrário, será perseguido por dois cachorros pretos sem cabeça. Eu não me arriscaria.

A Batalha de Worcester, em 1651, deixou o rei britânico Carlos II desesperado para salvar parte de sua fortuna caso precisasse fugir, caso contrário acabaria como o pai, Carlos I — decapitado. Depois que enviou tripulação com o tesouro para a Jamestown, o navio subiu o canal errado devido ao clima tempestuoso e foi parar em Whites Creek. O capitão, como estavam encalhados rio acima e eram alvos fáceis para saqueadores, decidiu que a área seria segura por ora, e ordenou que seus homens descarregassem os baús e escondessem o tesouro na margem, para recuperá-lo e fazer a passagem para Jamestown com mais segurança. Todavia, o tino do capitão para lugares seguros parecia ser tão fraco como suas habilidades de condução, visto que foram atacados e roubados enquanto cavavam. Depois de dar cabo da tripulação, os ladrões carregaram os baús para dentro da floresta, enterraram parte da tripulação naval com eles e planejaram voltar mais tarde; no entanto, logo foram capturados pelas autoridades locais e executados — a localização do tesouro permaneceu em segredo para sempre. Pessoas de atividades paranormais ativas juram ter ouvido e visto os ladrões vasculharem a floresta, pás e lamparinas à mão, procurando o que acreditam ter roubado de maneira justa e honesta.

OBJETOS SOBRENATURAIS
STACEY GRAHAM

CAPÍTULO 07

Pode um hotel em si ser sobrenatural? Pergunte para qualquer um que já viveu em casas mal-assombradas. Conforme nossa energia passa por corredores e quartos alugados, deixamos rastro de nós mesmos que nos prende aos lugares que tocamos e nas lembranças que deixamos.

Hotéis são um microcosmo da humanidade: alegria, pesar, mágoa e romance podem influenciar a vibração de um objeto e deixar resquícios de visita breve — mas pungente. As histórias destes hotéis apenas raspam a superfície do drama que evolui de maneira contínua à medida que hóspedes fazem o check-in, mas nunca o check-out. Da mesma forma que objetos sobrenaturais, os hotéis se transformam em um dos grandes elementos de nossa lista de coisas arrepiantes, e nos fazem questionar se o odor persistente de fumaça de cigarro no quarto foi mesmo coincidência. Visitantes cansados podem deixar mais impressões do que um travesseiro amassado.

O Hotel Crescent

Às vezes, a fachada mais bonita pode mascarar até mesmo os atos mais nefastos. O Hotel Crescent, da era vitoriana, com vista para a cidade-resort de Eureka Springs, Arkansas, se ergue orgulhoso no cume da West Mountain, sua história enredada na confiança inapropriada.

Na época em que muitos procuravam curas rápidas e eficazes para enfermidades, as pessoas afluíam para Eureka Springs, famosa pelas "águas medicinais". Para lidar com o fluxo de visitantes, a Empresa de Melhorias de Eureka Springs construiu um hotel, em 1884. Projetado para ser luxuoso, esse hotel ostentava magnífica sala de jantar que, em certa ocasião, alojara mais de quinhentas pessoas, inúmeras torres e mais importante — água encanada. O hotel abriu dois anos depois, e logo se encheu para atender aqueles de saúde delicada e carteira recheada. Mais para a virada do século, contudo, as pessoas se deram conta de que as águas medicinais não eram tão eficazes assim, e a moda arrefeceu — e levou o Crescent consigo.

Após breve período como Faculdade e Conservatório Crescent para Moças, o hotel foi vendido para um homem de caráter duvidoso: Norman Baker. Ele reinaugurou o hotel como centro de tratamento de câncer e resort medicinal, e prometia aos hóspedes que voltariam do tratamento livres do câncer. Infelizmente, a "cura" era golpe. Baker, mais tarde, seria condenado por fraude, pela venda postal de elixires milagrosos para pacientes esperançosos. Enviado para a Penitenciária Leavenworth com pena de quatro anos, a investigação provou que havia surrupiado quase 4 milhões de dólares dos pacientes que sofriam de câncer. Embora não tenha contribuído de modo direto para a morte dos hóspedes com a versão das "águas medicinais", foi considerado culpado de apressar mortes dolorosas ao retardar outros tratamentos.

O Hotel Crescent trocou de mãos diversas vezes ao longo do restante do século xix, com cada dono tentando devolver o edifício à sua antiga glória. Em 1997, Marty e Elise Roenigk compraram a propriedade e se encarregaram de restaurar a "Grande Dama das Ozarks".[1] Cinco anos depois, o hotel prosperava, em parte graças aos cuidados dos funcionários — e dos fantasmas.

Muitas das histórias contadas por visitantes giram em torno do espírito que acreditam ter sido, em vida, um pedreiro irlandês, operário da construção original. Quando estava no telhado, perdeu o equilíbrio e caiu para a morte, onde o é o quarto 218 atualmente. Com predileção para implicar com os vivos, Michael costumava receber a culpa por pregar peças nos hóspedes ao acender e apagar as luzes, bater portas e esmurrar as paredes.

Ser positivo é a melhor proteção contra aquilo que é chamado de mal. — **Lorraine Warren**

A supervisora de serviço de quarto, Nancy Reynolds, se lembra dos primeiros dias como camareira: "Eu ouvia chamarem meu nome o tempo todo. Era baixinho, como se viesse de alguém na outra ponta do corredor. Outras camareiras ainda ouvem isso também. Além de portas baterem, é possível ouvir coisas atrás de você; é esquisito". Quando questionada de quantas entidades acha que vagam pelos corredores, respondeu: "Mais do que qualquer um sabe, tenho certeza. A única vez em que vi alguma coisa, não entendi do que se tratava. Era sólida o bastante para que pensasse que uma das camareiras estava atrás de mim, mas, quando me virei, não havia ninguém lá — também não havia ninguém no corredor. Não sei quem era, porém. O que me perturbou mais foi que não fiquei abalada com isso". Será que ela viu um dos muitos moradores famosos do Crescent? A antiga paciente do tratamento de câncer, Theodora? Supostamente

---

[1] Cordilheira localizada nos estados de Missouri, Arkansas, Oklahoma e Kansas. [NT]

vista pelos funcionários no quarto 419, Theodora se apresentou, e então desapareceu.

Será que os fantasmas estão de olho nos lustres da Sala de Jantar Cristal? Reynolds recebeu cartas com prismas dos elegantes lustres de hóspedes que acreditavam ter levado para casa um fantasma com seu suvenir ilícito. A sala de jantar também está envolta em relatos de dançarinos com roupas refinadas do final do século xix rodopiando pelo cômodo quando o resto do mundo dorme.

Não há apenas fantasmas humanos na propriedade. A cozinheira-chefe Sandi Rowe se lembra de encontrar Rufus depois de ele ter se emaranhado com um automóvel: "Nós costumávamos ter no hotel um gato chamado Rufus. Ele sempre me encontrava quando chegava para trabalhar, todas as manhãs, um pouco depois da loja de presentes. Ele foi atropelado por um carro [e morto] na sexta-feira antes do fim de semana do Memorial Day;[2] me lembro da hora e do dia porque foi tão chocante. Cinco ou seis meses depois, cheguei para trabalhar e o vi depois da loja de presentes vindo me encontrar. Estava andando na minha direção, levantou a pata, e desapareceu".

Outras aparições foram vistas no que é chamado de "O Hotel Mais Assombrado dos Estados Unidos". Uma jovem que ficara no Crescent na época da faculdade para moças pulou da sacada, e os hóspedes do hotel relataram ouvir seus gritos como se estivesse em sua descida final. Baker, o proprietário duvidoso, também foi visto na antiga sala de recreação no porão, com camisa cor de lavanda e terno de linho branco, sua assinatura.

O Hotel Crescent recebe investigadores paranormais e curiosos que queiram saber por conta própria mais das assombrações no grandioso hotel com passeios noturnos. Se você for mesmo ficar, por favor, diga oi para Theodora — ela está morrendo de vontade de te conhecer.

---

[2] Feriado na última segunda-feira de maio para homenagear os soldados norte-americanos mortos em combate. [NT]

O Hotel Crescent, em Eureka Springs, Arkansas. Cortesia de Beth Barlett.

As pessoas dizem que se você comprar um globo de neve no Hotel Crescent e o colocar ao sol, a água misteriosamente ficará vermelha. Cortesia de LaMishia Allen Photography.

Don CeSar Beach Hotel

Empoleirado na macia areia branca da praia de St. Pete, arredores de Tampa, Flórida, está o encantador hotel cor-de-rosa com vista para a água turquesa do golfo. O edifício em estilo mediterrâneo serviu de anfitrião para presidentes, escritores e celebridades famigeradas como Al Capone, desde a inauguração em 1928, mas sua atmosfera festeira apresenta uma história de amor que se repete diante dos vivos que a assistem.

Enquanto viajava pela Europa quando jovem, o futuro dono do Don CeSar, Thomas Rowe, assistiu à ópera *Maritana* em Londres e se apaixonou pela artista principal, Lucinda. Todas as noites depois da apresentação, se encontravam na fonte perto do Royal Opera House, e, à medida que seu amor se aprofundava, planejavam fugir e se casar depois do último concerto. Conforme o dia se aproximava, Rowe se preparou para a nova vida com a beldade espanhola de cabelos escuros. Ao descobrir os planos da filha, contudo, os pais de Lucinda desaprovaram a união e a forçaram a retornar com eles para a Espanha. Os amantes nunca mais se encontrariam. As cartas de Rowe para Lucinda eram devolvidas sem serem abertas, recusadas pelos pais dela. Um dia, ele teve notícias de que sua amada havia falecido, vítima de doença repentina. Sem nunca esquecer do amor da juventude da filha, os pais de Lucinda escreveram para contar que ela deixara a última mensagem para Rowe, proferida em seu leito de morte: "O tempo é infinito. Espero você perto da nossa fonte... para compartilharmos o amor eterno. Nosso destino é o tempo".

Anos mais tarde, Rowe batizaria o hotel em homenagem ao herói da *Maritana*, a ópera onde conheceu Lucinda tanto tempo antes. O amor de Rowe pela mulher que perdera se manifestou no hotel, que se tornou um dos mais grandiosos da região. Ele também encomendou fonte parecida com aquela onde Lucinda e ele tiveram encontros clandestinos. Instalada no saguão do andar térreo, a fonte era constituída de enorme anjo alado vertendo água de um vaso dentro de laguinho cercado de cisnes: o cenário perfeito para encontros amorosos.

Rowe morreu no hotel em 5 de maio de 1940, mas nunca deixou o edifício de verdade. Seu fantasma de terno branco foi visto nos corredores do quinto andar, ou sorrindo em cumprimento enquanto os hóspedes faziam o check-in no autoproclamado Castelo Rosado, antes de desaparecer entre os raios de sol da Flórida através de grandiosas janelas. Após seu falecimento, o hotel passou para sua ex-esposa, que não tinha nem inclinação, nem tino empresarial para manter o empreendimento no ritmo de antes. Quando ela perdeu a propriedade para o governo dos Estados Unidos durante a Segunda Guerra Mundial, o hotel teve diversos usos: hospital do Exército, centro de convalescença e escritório administrativo dos veteranos. Até que o outrora adorável hotel se transformou no esqueleto de edifício, a antiga glória perdida para uma era diferente.

Foi nessa época que removeram a fonte, considerada obstáculo no caminho de quem navegava pelo saguão, e o hotel caiu ainda mais no abandono. O hotel trocou de mãos e foi comprado em 1972 pelo empresário William Bowman Jr., que o restaurou por inteiro, e instalou outra fonte no lugar da antiga. Durante a construção, um bilhete foi encontrado sob o piso do saguão, deixado pelo antigo superintendente, que se desculpava por cumprir as ordens dos donos e demolir a famosa fonte e remover o "local de beleza" para sempre. Desde então houve sucessivas fontes no saguão, mas nenhuma com o charme ou a perseverança do símbolo da afeição pelo primeiro amor de Rowe. Depois de reformas no hotel em 1987, o espírito de Rowe era visto com frequência com mulher fantasmagórica de cabelos negros como as asas de corvo que acompanhava o fantasma enquanto vagava pelos corredores e pátio. Parece que Lucinda cumpriu a promessa de ficar com ele por toda a eternidade.

O hotel agora pertence à cadeia de hotéis Loews e foi mais uma vez reformado em seu local majestoso com vista para as areias quentes do golfo e, talvez, com o casal de namorados há muito perdido.

White Eagle Saloon

Do outro lado dos *shanghai tunnels*[3] de Portland, Oregon, por meio do rio, o White Eagle Saloon recebia o lado mais sórdido da vida fronteiriça do início do século xix. Depois que o apito indicava o término do turno de trabalho, os homens deixavam as docas, famintos e em busca de mais do que comida. Embarcavam no bondinho que subia a Mississippi Avenue a duras penas e desembarcavam em bandos quando o condutor berrava: "Próxima parada, Balde de Sangue!" O bar tinha esse nome porque as brigas lá se esgueiravam noite adentro. A reputação menos que imaculada do White Eagle rivalizava com os notórios túneis da Chinatown de Portland.

O prédio de tijolos de dois andares abrigava bordel "branco" no andar superior e bordel "negro e chinês" no porão. O espírito solitário de Rose perambula pelos treze quartos do andar de cima, seu choro agora ouvido ecoar nos quartos vazios. Rose era "mulher da vida", considerada propriedade pessoal do gerente do bar. Um dos clientes se apaixonou pela moça e quis tirá-la daquela vida de perigos e becos sem saída. Assustada pela perspectiva de confrontar o gerente, Rose se recusou. O jovem amante então encarou seu cruel adversário, e foi espancado quase até a morte. Destemido e certo de seu amor, voltou a implorar para que Rose fugisse com ele; como ela se recusava, enfurecido, a esfaqueou até a morte em um dos quartos do andar superior. Mas Rose não permitiu que esse pequeno contratempo a desanimasse — clientes recentes relataram a abordagem de uma mulher que pode ser o fantasma da prostituta há muito morta.

---

[3] Rede de passagens subterrâneas que ligavam os porões de diversos hotéis e tavernas às margens do rio Willamette. Foi construído originalmente para o transporte de produtos das embarcações ancoradas no rio até os estabelecimentos comerciais para evitar congestionamentos nas ruas da cidade. Recebeu esse nome graças a histórias de que o crime organizado usava os túneis para *shanghaiing*, que era sequestrar homens para trabalho forçado como marinheiro. [NT]

Antes de o bar ser propriedade da McMenamin Corporation, o dono anterior se aventurava no andar de cima apenas quando necessário. Todos os quartos têm trancas funcionais. Ainda assim, cada vez que tentava entrar nos quartos, alguns se recusavam a abrir, enquanto outros estavam prontos para as visitas. Ele bloqueou o andar superior e simplesmente deixou seus habitantes em paz.

Outro espírito que assombra o andar de cima do White Eagle Saloon & Hotel é Sam. Acolhido quanto criança, trabalhou no bar grande parte da vida. Quando morreu, em idade avançada, seu espectro continuou a tomar conta do lar. Seus pertences permaneceram em seu quarto, embora tenham sido transferidos para outros quartos do segundo andar. Transeuntes relataram ver a imagem de um homem que os observa das janelas no segundo andar conforme passavam. Talvez tome conta deles também.

O porão abrigava os segredos do bar. As mulheres negras e chinesas trazidas das docas ou compradas como escravas eram

mantidas em quartos minúsculos e obrigadas a vender seus corpos para não serem espancadas pela gerência. Dizia-se que os bebês nascidos delas eram descartados bem depressa, para que voltassem logo ao trabalho. Os espíritos dessas mulheres desesperadas adensam a atmosfera; sua dor está gravada nas paredes e perdura no ar. Um gerente do bar, em tempos recentes, teve o escritório no porão. À noite, acima do zumbido baixo da televisão, ouvia música cascatear do bar depois do fechamento. Em outras ocasiões, moedas caíam do teto. Certa vez, sentiu o que pareceu ser forte terremoto, e estremeceu o edifício até a fundação. Quando se voltou para a televisão, não conseguiu encontrar a notícia do que acabara de sentir. Uma garçonete, ao descer para o porão, foi empurrada, bem diante do dono, rolou por toda a escada e sofreu ferimentos leves.

Os espíritos aparentemente frequentam os banheiros. Uma senhora, enquanto usava as instalações, entrou em briga de papel higiênico com a amiga por cima das divisórias dos cubículos, para então descobrir que não havia ninguém ali — a amiga tinha saído muito antes.

Os quartos do andar superior agora estão disponíveis para reserva. Você está disposto a encarar uma noite e dividir o aposento com Sam e Rose?

Hotel Driskill e as Noivas Suicidas

Tudo é maior no Texas: carros, cabelos e... histórias de fantasmas. Construído no final do século xix, o Hotel Driskill, em Austin, Texas, não é exceção, e orgulha-se de seus hóspedes singulares, até mesmo inclui a ficha técnica dos fantasmas residentes que pode encontrar ao se hospedar. O coronel Jesse Driskill, magnata do gado, abriu o hotel em 1886 depois de fazer fortuna com a venda de carne para o Exército dos Estados Confederados durante a Guerra Civil. Para que seu hotel fosse o mais elegante de Austin, gastou quase 8 mil dólares no terreno na esquina da 6th Street com a Brazos e construiu o hotel que custou 400 mil dólares. Dessa vez, o texano exagerou um pouquinho. O custo da estadia no hotel de luxo era alto demais para a maioria, e o Driskill enfrentou tempos difíceis. Após supostamente perder o hotel para o cunhado nas cartas alguns anos depois, Jesse Driskill morreu sem um centavo, agarrado ao sonho do outrora grandioso hotel.

Uma sucessão de donos deu vida nova ao hotel, que acrescentaram 129 quartos aos sessenta originais, além da torre de nove metros de altura em 1930. O lugar se transformou no centro do cenário social de Austin no século xx. Casamentos da alta sociedade, bailes de posses presidenciais e até mesmo o famoso primeiro encontro do futuro presidente Lyndon B. Johnson com Claudia Taylor (mais conhecida como Lady Bird Johnson) aconteceram no salão de baile do Driskill. Os Johnson voltavam ao hotel com frequência, era sua sede de campanha durante a carreira de congressista e se hospedavam ali durante as visitas presidenciais.

Enquanto a fama e a beleza do hotel variavam ao longo dos anos, o lado mais sombrio da propriedade ganhou notoriedade. Samantha Houston, filha de quatro anos de senador texano hospedado no Driskill quando o Senado estava em sessão, morreu de maneira trágica depois de cair da enorme escadaria, em 1887. Em uma semana, seu fantasma foi visto bater bola no saguão do primeiro andar, além de dar risadinhas perto do banheiro feminino do segundo andar e das escadas para o mezanino. O pai de Samantha encomendou um retrato da menina pouco depois da morte — o que está pendurado no quinto andar do hotel. A gerente de marketing, Laura Pettitt, disse em entrevista para a KVUE News em outubro de 2012: "As pessoas dizem que de vez em quando você pode pegá-la sorrindo e que a expressão na pintura muda". Samantha adora um pouco de atenção extra e chacoalha as portas da suíte Yellow Rose, próxima ao retrato, quando quer ser travessa.

O coronel Driskill não abriu mão do hotel sem luta no além. Seu fantasma foi visto fumar os charutos que adorava em vida e acender e apagar luzes quando visita os hóspedes nos quartos.

Mulherengo, o fantasma foi culpado pela aparição de uma cabeça sem corpo enquanto a vocalista da banda Concrete Blonde, Johnette Napolitano, tomava banho; em outra ocasião, ajudou Annie Lennox, do Eurythmics, a escolher o vestido para a apresentação. Ela pôs dois conjuntos na cama antes de tomar banho, e encontrou apenas um deles quando voltou — o outro estava pendurado de volta no armário.

A sala Maximilian, no Hotel Driskill, tem o conjunto de espelhos encomendados pelo imperador mexicano Maximiliano como presente para a noiva europeia, Carlota. Após a morte dela, em 1927, os enormes espelhos com molduras douradas foram encaixotados na casa deles e guardados em depósito em New Orleans, Louisiana. Quando encontrados, anos mais tarde, o Hotel Driskill comprou os espelhos e os pendurou na sala que é a área de fumantes para cavalheiros. Os visitantes relataram ter visto a figura de mulher encará-los enquanto olhavam os espelhos, mas, ao se virarem, não havia ninguém ali.

As noivas nem sempre tiveram sorte no Driskill. Ainda que muitas comecem as novas vidas com a enxurrada de bons votos e desejos de felicidade, duas das agora afamadas mulheres do Driskill seguem ali, presas na assombração, e são conhecidas como as Noivas Suicidas.

Um dos fantasmas que apresenta mais atividades paranormais no hotel é a Noiva Suicida #1. Em 1969, na noite anterior ao casamento, o noivo cancelou a cerimônia. Depois de se enforcar no banheiro do quarto 427, a fantasma é vista de tempos em tempos caminhar pelos corredores do quarto andar de vestido de noiva. Mais frequentemente vista por quem se hospeda no hotel para um casamento ou despedida de solteira, a fantasma é considerado sinal de sorte se a noiva a vir antes das núpcias.

A Noiva Suicida #2 é chamada com mais frequência de a "Noiva de Houston". Vinte anos depois da Noiva Suicida #1, uma mulher de Houston se registrou no quarto 427 depois de ser largada pelo noivo. Após visitar o quarto luxuoso, saiu para torrar o cartão de crédito dele ao gastar 10 mil dólares em extravagante onda de compras. Sobrecarregada pelo peso dos pacotes, a mulher voltou ao quarto em torno de uma hora da manhã e sacou a compra mais importante — e letal: a pistola. No mesmo banheiro onde uma noiva tirara a própria vida, vinte anos antes, a Noiva de Houston se deitou na banheira com o travesseiro e sua arma de fogo novinha. Disparou a pistola com o travesseiro para não fazer barulho e morreu sozinha na banheira do hotel, com o sangue enchendo o recipiente de porcelana.

> *Os fantasmas também guardam o dia em que morreram.* — **Charles Dickens**

Dez anos depois, duas mulheres hospedadas no hotel decidiram passear pela propriedade sobrenatural na calada da noite. O quarto andar estava em reforma, para modernização dos quartos, portanto não era muito usado pelos hóspedes. À uma da manhã, viram uma mulher passar por elas, braços carregados de sacolas, e parar diante do quarto 427 enquanto lutava com a chave. Perguntaram à mulher se estava incomodada com a barulheira da reforma, a que respondeu com frieza: "Não, não me incomoda nem um pouco". E entrou no quarto.

Na manhã seguinte, as mulheres perguntaram ao gerente sobre a hóspede na área isolada do hotel, que, então, lhes contou não haver qualquer pessoa registrada naquela área de quartos, e lhes mostrou o quarto 427, sem cama ou privada. Nenhum hóspede ficaria muito tempo naquele quarto cujo encanamento não funcionava. Houve histórias, porém, de o hotel ter problemas em reformar aquele quarto em particular. As paredes foram repintadas quatro vezes, pois a tinta descascava das paredes, e a banheira — apesar de não haver água encanada no banheiro à época — enchia de água translúcida, ainda que não fosse usada havia muitos anos.

Uma Lasca de Assombração: a Casa Borden

*Lizzie Borden encontrou e pegou o machado
Quarenta vezes o corpo da mãe foi lanhado;
Quando viu e percebeu tudo aquilo que fez
Golpeou quarenta e uma no pai de uma vez*

Sèphera Girón conhece bem a rima associada à Casa Borden. Após visitar a pousada em Fall River, Massachusetts, inúmeras vezes como hóspede, entretanto, não esperava que parte do mistério do lugar voltasse com ela para o apartamento em Toronto, Canadá.

A casa que outrora pertencera à cruel Lizzie Borden, depois das violentas mortes do pai e madrasta, guarda segredos desde 1892. Naquela manhã abafada de fim de verão, Lizzie dormiu até mais tarde enquanto a família se preparava para o dia.

Andrew J. Borden, homem próspero, mas intratável, tinha saído para o trabalho depois das 9h, e deixou a esposa, Abby Durfee Gray Borden, em casa com Lizzie e a empregada, Bridget Sullivan, enquanto a outra filha, Emma, visitava amigos. O que aconteceu na casa em seguida intriga teóricos há mais de cem anos.

Lizzie se levantou e então chamou a empregada aos gritos após entrar na sala de estar, às 11h: "Desça aqui depressa! Papai está morto! Alguém entrou aqui e o matou!". Andrew fora espancado com brutalidade, a cabeça esmagada por machado enquanto estava sentado no sofá de crina de cavalo. Depois de mandar Bridget chamar o médico do outro lado da rua, Lizzie aguardou. A vizinha da casa ao lado chegou para ver o que era toda aquela comoção. Foi então que as mulheres encontraram o corpo de Abby Borden no quarto de hóspedes, com o rosto contra o tapete, o corpo ajoelhado ao lado da cama. Ela também fora atacada com violência por alguém com instrumento rombudo, e recebeu dezenove golpes de machado ou machadinha na nuca. Embora Andrew tenha sido abordado por trás, especialistas acreditam que Abby vira o agressor antes de se virar para correr. De quem foram os olhos que fitaram os dela antes que o golpe fosse desferido?

Lizzie foi presa pelo crime, mas absolvida cinco semanas depois. Ela permaneceu em Fall River até a morte, em 1927, mas a um custo. Apesar de não cumprir pena pela morte dos pais, a comunidade a tratava como pária — será que a mácula dos assassinatos marcava a casa na forma de assombração? Muitos acreditam que sim. Agora uma pousada, alguns hóspedes afirmaram ouvir choro de mulher, enquanto outros viram objetos se mover ou serem cobertos à noite por uma mulher mais velha, de vestido vitoriano.

A hóspede recorrente, Sèphera Girón, relembra algumas ocorrências de quando se hospedou lá: "Vivenciei todos os tipos de eventos inexplicáveis nas quatro vezes em que passei a noite na pousada Lizzie Borden. Há 'gatos fantasmas' que se esfregam nas pernas, e se você tentar dormir e estiver deitada de bruços, eles pulam em cima das costas e a 'massageiam'. Existem todos os tipos de energias sombrias. Nunca capturo tantas esferas em fotos como quando fotografo objetos na Casa Lizzie Borden".

Durante uma das estadias de Girón em 2007, a casa estava em reforma. Ao ver a pilha de madeira descartada, ela apanhou uma lasca do que outrora fora a estrutura original.

*Os fantasmas também guardam o dia em que morreram. – **Charles Dickens***

"Achei que seria uma lembrancinha legal. Não pensei muito nisso, exceto que tinha um pedacinho bacana de madeira da casa assombrada. Em 2010, me mudei para um minúsculo apartamento, e estava tudo baguçado. A minha própria vida estava baguçada; passava por divórcio doloroso naquele momento. Entretanto, me lembro de certa noite estar sentada em meu novo apartamento, e pensar em diversas coisas. Eu tinha guardado a maioria dos meus pertences no guarda-móveis, naquela mesma rua, e me perguntei onde coloquei a 'lasquinha' de Lizzie Borden. Constatei que teria de vasculhar as caixas com as coisas do meu escritório no guarda-móveis para encontrá-la. De alguma maneira, estava aos meus pés, embaixo da mesa", disse ela.

"Fiquei toda arrepiada por pensar na lasca e ela aparecer ali, de repente. Eu agora a deixo em cima da mesa, onde posso vê-la."

Sem Descanso para os Curiosos: História da Autora

Subi a estrada estreita e serpenteante da montanha, e lembrei do meu livro favorito, *A Assombração da Casa da Colina*, de Shirley Jackson, à medida que fazíamos a última curva, chegávamos à entrada para carros e nos deparávamos com o gramado em formato de coração e a imponente estrutura do retiro.

"No lado de dentro, as paredes continuavam eretas, os tijolos se encaixavam com esmero, o piso era firme e as portas sensatamente fechadas; o silêncio jazia firme contra a madeira e a pedra da Casa da Colina, e o que quer que andasse ali andava sozinho", escreve Jackson.

Aquele não era meu primeiro retiro fantasmagórico. Eu pesquisava e escrevia sobre fantasmas havia mais de vinte anos. Então, quando surgiu a oportunidade de passar o fim de semana com um punhado de escritores de horror e ter acesso irrestrito a um imóvel supostamente bastante sobrenatural, não deixei passar a chance de voltar a mergulhar meus pés no paranormal. Saí da minha casa nas cercanias de Washington, DC, viajei para San Francisco, e peguei carona com amigos até o retiro em Mill Valley, vilarejo adorável a leste da cidade maior. Um dos meus colegas estivera no retiro antes. Foi a convite dele e do escritor Scott Browne que eu fora até lá — me prometeram sol, ótima comida e todos os fantasmas que eu conseguisse apontar varetas de radiestesia.

Ao cair da primeira noite, os escritores que estiveram ali antes compartilharam suas histórias. Ruídos estranhos e toques fantasmagóricos os tinham deixado ansiosos para ver o que os fantasmas planejavam daquela vez. A casa contava a história de uma época em que a corrida do ouro da Califórnia tinha dado lugar aos magnatas da madeira das colinas circundantes de San Francisco. O proprietário do imóvel fizera fortuna no começo do século XIX, depois de herdar o patrimônio quando o pai faleceu, o que lhe permitiu começar a construção da mansão de dezesseis cômodos nas isoladas colinas de Mill Valley.

Ostentando três andares e inúmeras sacadas que despontam dos quartos com vista para as sequoias e as trilhas, a propriedade parecia inocente à luz do dia, mas não consegui afastar a sensação de que eu, ou melhor, nós éramos observados. Embora o gerente da propriedade não tivesse ele mesmo vivido nada paranormal, histórias de fantasmas se espalhavam de maneira desenfreada sobre a casa que se erguia na colina. Os funcionários tiveram vislumbres de fantasmas nos quartos, foram empurrados por trás por forças invisíveis e ouviram zumbidos vindos de um dos quartos no andar inferior, onde a primeira proprietária da casa passou seus últimos anos. Eu mal podia esperar para começar.

*Ela observa. A casa observa cada um dos seus passos. — **Shirley Jackson***

Eu dividia o quarto grande com meu velho amigo Scott Browne, o escritor do romance de zumbis *Breathers*. Como também se hospedou no retiro alguns anos antes, ele vivenciou algo no cômodo onde ficaríamos, e estava ansioso para que eu também vivenciasse alguma atividade paranormal. Visto que eu, com frequência, tivera o cabelo puxado, o nariz beliscado e ouvira respiração ofegante no ouvido em outras investigações, estava pronta para o que esses fantasmas — em especial um batizado de Gretchen durante a investigação no retiro anterior — tivessem na manga de truques fantasmagóricos.

Sobre o último retiro, não me senti confiante depois que o ouvi contar dos eventos de 2010 e de dormir na cama assombrada de Gretchen.

"Em minha primeira noite no Retiro da Mansão Assombrada dos Escritores, dormi na cama de solteiro que fazia parte de um conjunto, dividi o quarto com outra pessoa, que dormia em uma das outras camas. Eu me deitei depois da meia-noite, e escutei os ruídos que me deixaram acordado, então tive sono agitado. Por duas vezes, ao fechar meus olhos em ocasiões diferentes, senti o ar a minha volta ficar espesso e denso, mudança atmosférica no quarto, mas ao abrir os olhos tudo o que vi foi o aposento banhado pela luz ambiente do quarto ao lado que entrava pelas janelas", compartilhou Scott.

"Então, pouco antes das 5h, ouvi meu colega de quarto roncar, virei da esquerda para a direita e fechei os olhos. Mais uma vez, senti de imediato o ar a minha volta ficar denso, só que muito mais denso e sufocante que antes. A essa altura, não sei se abri os olhos primeiro ou se senti alguma coisa me sacudir, mas no instante seguinte meus olhos abriram, e alguma coisa me sacudia como se agarrasse meu ombro esquerdo.

"Graças à luz ambiente que entrava no quarto, pude ver tudo nos mínimos detalhes: a porta do quarto, minha mala em cima do suporte para bagagem, a cama em que dormia, e, na beirada da cama, bem diante de mim, o ar escuro e bruxuleante. Era amorfo, ou assim me parecia, mas não tenho certeza, porque estava incapaz de olhar para qualquer outro lugar que não diretamente à minha frente. Não conseguia olhar para cima nem para baixo, meu olhar estava congelado. Eu petrifiquei, incapaz de me mexer. Podia sentir lábios e boca secos tentarem se abrir para gritar 'ei' ou dizer algo para quebrar o feitiço, mas não conseguia falar.

"Não sei quanto isso durou. Cinco segundos, quinze segundos, meio minuto. Por fim, consegui quebrar o feitiço, ou fosse lá o que estivesse me sacudindo, porque parou e foi embora, me sentei e gritei 'filho da puta', e então olhei em volta. Não vi nada, então apanhei o medidor K2 EMF na mesinha de cabeceira e liguei. Agitei o aparelho ao redor, para captar alguma coisa, mas a luz ficou no verde. Estava sozinho no quarto, exceto por meu colega, que acordou, mas não disse nada a respeito da experiência até a manhã seguinte."

Tudo bem. Talvez eu tenha me precipitado um pouco ao reservar o quarto com serviço de despertador invisível.

Scott vez ou outra tentou dormir no terceiro andar — de acordo com boatos, um fantasma bravo andava de um lado para outro do corredor —, enquanto me mudei para um quarto menor, algumas portas depois e perto do meu amigo Steve. Conforme a diferença de fuso horário tomava conta de mim, dormi aos trancos enquanto ondas de frio cobriam o rosto, embora meu corpo estivesse quente. O fantasma dava uma olhada na garota nova. Passos ecoavam pelo corredor, embora não tivesse certeza se eram os outros escritores em busca do caminho por corredores desconhecidos ou se era o fantasma bêbado de pés vacilantes. Quando os passos pararam do lado de fora da porta, sussurrei para irem embora — lidaria com eles pela manhã.

> *O medo é o abandono da lógica, a renúncia voluntária de padrões razoáveis. Nos rendemos ou lutamos contra isso.* — **Shirley Jackson**

A suave luz do dia entrou através da janela acima da minha cabeça horas depois. Encontrei os outros escritores na enorme sala de estar, e mal olhei por cima do ombro quando passei por um homem na escada. Mais tarde, me dei conta de que o homem bigodudo não fazia parte do grupo, e muito provavelmente não tinha pulso havia muitos anos. Estava começando.

O dia avançou devagar enquanto cada um de nós focava as atenções em projetos literários, com apenas um ouvido alerta para ruídos incomuns. Com exceção do homem na escada, não vi nada e esperei o anoitecer. Depois do jantar, nos dividimos em grupos para investigar a enorme casa. Munida de meu costumeiro conjunto de itens básicos necessários para caçar fantasmas — gravador digital, lanterna e alguma dose saudável de bom senso —, nós começamos nossas sessões de fenômeno da voz eletrônica (FVE) em diferentes partes da casa. Alguns escritores tinham ido até lá em busca de atmosfera inspiradora para os trabalhos em andamento; eu só queria ver a cabeça flutuante.

Infelizmente, para mim, não houve nem sussurros para capturar, nem cabeças para ver durante o fim de semana, ainda que, na última manhã, enquanto esperava o restante da casa acordar, ouvi embaixo do quarto o arrastar furioso de móveis. Eram 4h30 e achei que os funcionários estavam ocupados na cozinha e na sala de jantar: ocupados demais — e com certeza ocupados demais para aquela hora matinal. Prestei atenção ao som de cadeiras arrastadas pelo chão e de mesas baterem umas contra as outras por quase noventa minutos. Ouvi copos se chocarem contra superfícies duras e me perguntei o que diacho preparavam para o café da manhã que exigia tanto entusiasmo.

Esgueirei-me para fora do quarto às 6h, e encontrei Steve saindo também. Não tinha ouvido nada: na verdade, fora acordado pelo som de duas mulheres paradas acima dele enquanto dormia, então ouviu em segredo a conversa. Não ouvi nada do tipo no meu quarto, mas talvez os sussurros não fossem para mim.

Despedimo-nos de nossos novos colegas de assombração, deixamos a casa e serpenteamos de volta para San Francisco ao longo das mesmas estradas curvas pelas quais avançáramos alguns dias antes. Dessa vez, diminuímos a velocidade, cada um mergulhado nas suas próprias experiências que desafiavam explicações sensatas. Seja o que for que permaneceu na casa, outra vez caminhava só.

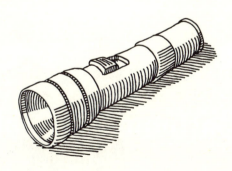

CAPÍTULO 08

Algumas estrelas não enfraquecem, apagam. Histórias de atores que viveram rápido demais e queimaram depressa demais entulham a paisagem californiana, e deixam cicatriz no rosto perfeito de Hollywood. Será que essas histórias são fábula admonitória daqueles com lado indômito que não continham seus impulsos, ou são apenas casos de mágoa hollywoodiana?

É difícil imaginar James Dean sem invocar sua imagem, encostado no adorado carro, o Little Bastard (Pequeno Bastardo), e de sua morte ao longo do trecho de estrada no deserto californiano, entrelaçando seu falecimento com o que alguns consideram maldição. À medida que o carro e o homem se transformam em lendas, nos resta perguntar: os carros nascem ruins? Conforme a elite de Hollywood morre, alguns descobrem que não estão prontos para partir com elegância e permanecem apegados aos objetos materiais em que depositaram afeição. Aqueles que nunca alcançaram as fileiras do estrelato descobriram que Hollywood é amante ciumenta: quer tudo — mesmo depois de você estar morto.

Letreiro de Hollywood

A promessa de fama das célebres letras atrai atores jovens e famintos de todo o mundo, mas o letreiro de Hollywood, na Califórnia, mascara o lado mais sombrio da fama. Construído em 1923 no Mount Lee, em Griffith Park, as letras de quinze metros de altura eram propaganda para o conjunto habitacional financiado pelo editor do *Los Angeles Times*, Harry Chandler. Lia-se, então, "HOLLYWOODLAND", ainda que o letreiro fosse mais sobre onde criar os filhos fora de Los Angeles do que sobre a indústria cinematográfica. Uma vez que tudo é mais brilhante na Califórnia, o letreiro foi projetado para causar o máximo de impacto, com letras brancas de nove metros de largura, bem como 4 mil lâmpadas de vinte watts, para cegar qualquer um que o visse em absolutamente qualquer distância.

Apesar de não ter havido a intenção de usá-lo por mais do que alguns anos, o letreiro não demorou a cair em abandono depois que a Grande Depressão fez com que os fundos para a manutenção fossem cortados em 1939. As lâmpadas brilhantes do passado foram roubadas ou nunca substituídas depois de queimarem, e o letreiro em si caiu, vítima dos caprichos de vândalos ao final da década de 1940. As letras tombaram devido ao forte vento, ou a infraestrutura foi roubada para virar sucata e render algum no ferro-velho, e o letreiro refletia não apenas as adversidades da própria luta para permanecer forte em épocas difíceis, mas também as da comunidade. Surrado e solitário, ele não se rendia. A Câmara do Comércio de Hollywood encarregou a Secretaria de Parques e Jardins de Los Angeles de assumir os cuidados do agora afamado letreiro, decidiu remover as lâmpadas devido ao custo da substituição e desmontar a última parte do letreiro, deixando apenas o que hoje reconhecemos como o famoso letreiro de Hollywood.

> *Os atos desta vida formam o destino da próxima.* — **Os Condenados**

Trinta anos se passaram. Uma geração de atores fitou o letreiro na colina e imaginou se iria acrescentar sua estrela à lista de Hollywood, ainda que, ao final da década de 1970, o letreiro outra vez se desmantelasse devido à negligência. Dessa vez, Hollywood levou para o lado pessoal. Fundos foram arrecadados para vender as letras por 27.700 dólares cada, e o antigo letreiro foi destruído a fim de construir a nova versão que vemos brilhar hoje.

Peg Entwistle

Ainda que o letreiro em si tenha tido final feliz, a atriz da Broadway Peg Entwistle obteve mais fama na morte do que na carreira. Ela deixou Nova York em 1932, e foi para a Califórnia depois que os papéis nos palcos evaporaram. A Depressão privara as famílias da capacidade financeira de desfrutar do teatro, preferiam o cinema, mais barato e acessível. Embora bem-sucedida na Costa Leste, Entwistle logo se misturou às incontáveis outras atrizes que vieram a Hollywood com a promessa de fama apenas para descobrir o quão difícil era conseguir um papel. Com a sorte de conseguir contrato de curto prazo com os RKO Studios, Entwistle foi escalada para viver uma personagem no filme *Thirteen Women* (Treze Mulheres). Segura de que isso levaria a papéis maiores, estava ansiosa pelo lançamento, apenas para descobrir que seu pequeno papel coadjuvante fora reduzido a pouco mais do que uma aparição.

Foi uma época desesperadora. Sem trabalho, não podia arcar com as despesas para permanecer na Califórnia, e também lhe faltavam meios para voltar a Nova York. Ficou um tempo com um tio, cuja casa era próxima ao letreiro de Hollywood. Certa noite, saiu para caminhar, a fim de espairecer. Foi durante essa caminhada, nas frescas horas da noite de setembro de 1932, que Entwistle tomou sua decisão final. Escalou a árida colina na direção do letreiro, resignada a não ser mais um fardo para a família, para seu ofício, nem para si mesma. Encontrou uma escada de manutenção encostada atrás do H, despiu o casaco e o dobrou com esmero na base da imponente estrutura. Deixou o bilhete de suicídio na bolsa, subiu até o topo da letra, observou a cidade que esmagara sua determinação e pulou.

Na manhã seguinte, um montanhista encontrou o casaco e a bolsa, e entregou-os na delegacia nas primeiras horas da manhã. O corpo de Entwistle, no entanto, só foi encontrado dois dias mais tarde, depois de ter rolado colina abaixo e acabar oculto pela vegetação rasteira. Dois dias depois que o corpo foi recuperado, o tio de Entwistle recebeu carta endereçada à sobrinha — fora escolhida para o papel principal na nova produção na Beverly Hills Playhouse.

Atualmente, o letreiro de Hollywood é conhecido por dar as boas-vindas a novas safras de atores esperançosos no vale ensolarado. Trilhas que cruzam o Griffith Park e o Beachwood Canyon chegam perto do letreiro. Alguns montanhistas relataram ter visto uma mulher em roupas dos anos 1930 andar pela área e desaparecer assim que se aproximavam dela. A polícia atendeu a chamados de uma jovem prestes a pular do letreiro, embora depois da busca pela área não tenham encontrado corpo algum — espectral ou qualquer outro. Existem alguns relatos de visitantes que sentiram o aroma inebriante de gardênias perto do letreiro, o perfume favorito de Peg Entwistle. Será que a assombração residual maculou o fascínio de Hollywood ou apenas acrescentou à tradição da famosa cidade?

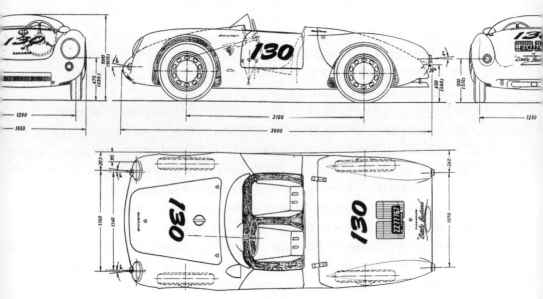

James Dean e o Little Bastard

Bastava um olhar para o deslumbrante Porsche 550 Spyder prata conversível para saber que era encrenca. O carro exibia curvas sexy e suaves, e deveria se comportar como campeão nas pistas de corridas para as quais fora projetado. O ator James Dean não conseguiu resistir à sua atração, batizou-o de Little Bastard. Seu amigo, o também ator Alex Guinness, o alertou a respeito do carro, de que o bólido seria o seu fim, e que não o dirigisse. Dean não lhe deu ouvidos. No caminho para uma corrida em Salinas, Califórnia, em 30 de setembro de 1955, ele e seu mecânico, Rolf Wutherich, colidiram frontalmente com o carro do universitário Donald Turnupseed, que fez curva repentina na frente do Little Bastard. James Dean recebeu o impacto da colisão e morreu a caminho do hospital, devido ao pescoço quebrado e ferimentos internos.

Depois do acidente, George Barris, o Rei da Customização, comprou os destroços do Little Bastard para vender como sucata, mas o carro nasceu ruim, e ainda não tinha acabado. Enquanto era transportado para a oficina de Barris, o carro escorregou da carreta, e quebrou a perna do mecânico. Mais tarde, Barris vendeu o motor para Troy McHenry, e o eixo de transmissão para

Wiliam Eschrid, ambos pilotos de prova. Durante uma corrida em Pomona Fairgrounds, nem um mês após o acidente que tirou a vida de Dean, os dois homens foram submetidos à maldição do Little Bastard. McHenry morreu depois de o carro entrar rápido demais na curva e se chocar contra uma árvore, enquanto o carro de Eschrid capotou enquanto entrava na curva, e disse que o carro "travou em suas mãos".

Outros incidentes se seguiram. Enquanto o carro esteve no depósito, ladrões tentaram roubar algumas das peças, e o braço de um dos jovens foi dilacerado pelo metal saliente enquanto tentava remover o volante. Barris, ao emprestá-lo para a polícia rodoviária da Califórnia a fim de promover segurança nas autoestradas, não contava com o resíduo azarado do Little Bastard. A oficina em que os destroços estavam armazenados irrompeu em chamas certa noite, destruindo tudo — exceto o veículo. Mais tarde, quando estava em exibição no Sacramento High School, o carro caiu e causou fratura no quadril de um estudante.

Melhor cuidar com o que você fala do meu carro. Christine é muito sensível. — **Stephen King**

Até mesmo transportar o Little Bastard era perigoso. No caminho para Salinas, o caminhão que o carregava perdeu o controle; o motorista foi lançado para fora da cabine do caminhão e esmagado pelo veículo de Dean, que caiu da traseira. Ao que parece, ele não gostava de ficar amarrado; o Porsche se soltou e escorregou da traseira de outros caminhões de transporte mais duas vezes.

Sua última exibição pública foi para a polícia rodoviária, em 1959, quando os destroços desmoronaram em pedacinhos. Carregado para dentro de vagão fechado para viajar para Los Angeles, rumo à aposentadoria definitiva, o carro tinha uma última surpresa. Depois da chegada do trem, Barris removeu o lacre do vagão e abriu as pesadas portas para encontrar... nada. O Little Bastard havia desaparecido.

Espectros Indômitos: o Infame *Zaca* de Errol Flynn

O conquistador e ator da Tasmânia, Errol Flynn, irrompeu na cena hollywoodiana em 1935 no papel de capitão Blood, personagem que ligava seu amor pelo mar à florescente carreira cinematográfica. Mas à medida que seu comportamento imoral fora de cena se entrelaçava com a lenda de seu iate, o *Zaca*, o estilo de vida festeiro de Flynn deixou impressão indelével no barco e em tudo com o que ele entrava em contato depois da morte do ator, em 1959.

Flynn comprou a escuna de dois mastros e 36 metros de comprimento de Joe Rosenberg, em 1945, depois que o iate de luxo tinha sido descomissionado após a Segunda Guerra Mundial, e estava pronto para levar suas festas famigeradas ao mar tempestuoso. Histórias de orgias, bebedeiras e moças menores de idade correndo pelos conveses de madeira de lei chegaram ao continente, e consolidaram a reputação de mulherengo do ator, que imitava os heróis de seus filmes. À medida que a saúde de Flynn decaía, contudo, os papéis em filmes diminuíram, e ele foi forçado a vender seu adorado *Zaca*. Enquanto estava em Vancouver, na Colúmbia Britânica, e preparava o aluguel do iate para o milionário George Caldough, Flynn adoeceu durante uma festa e mais tarde sofreu infarto fulminante.

A esposa de Flynn na época, Patrice Wymore, ainda morava a bordo do barco. Devido ao estado das finanças, lhe restaram poucas escolhas, como vender logo o barco para Freddie Tinsley, que jurou deixar o *Zaca* em ordem enquanto estivesse ancorado na França. Depois que o iate foi atracado em Villefranche, porém, a embarcação foi desmontada e deixada para apodrecer. Todavia, a festa ainda não tinha acabado.

O dono de um iate vizinho contou histórias de ouvir música no navio escuro. Risos de mulheres saltavam por cima da água serena e provocavam os ouvidos daqueles sortudos o bastante para testemunhar as famosas últimas festas de Flynn. Durante os vinte anos seguintes, houve inúmeros relatos de avistamentos do ator andando de um lado para o outro no convés ao crepúsculo.

Em 1979, o dono do estaleiro confiscou o *Zaca* de Tinsley, por falta de pagamento do aluguel. Antes que conseguisse começar a trabalhar na reconstrução do outrora adorável navio, porém, queria se livrar dos invasores fantasmagóricos. Mas fazer um padre católico e um arcediago anglicano exorcizarem o iate não é tarefa fácil. Em vez disso, um modelo do navio foi levado à igreja em Monte Carlo, acompanhado de diversas testemunhas da assombração. Depois da cerimônia, não houve mais nenhuma festa paranormal. Hoje o *Zaca* foi restaurado e corta as ondas mais uma vez, como seu indômito capitão teria desejado.

A Poltrona de Clifton Webb

O ator Clifton Webb tinha certeza de que a casa era assombrada. De fato, aceitou a ideia de o espírito da mãe permanecer com ele da mesma maneira que fizera durante a vida — sempre solidária, sempre carinhosa e um tanto sufocadora. Os dois eram inseparáveis desde o nascimento, em 1889. Maybelle abandonou o marido para proteger e cuidar do filho quando ele era um bebê, e não estava disposta a deixar Webb sair por aí despreparado agora que não estava mais ali para direcionar seu futuro — e ele gostava das coisas dessa maneira.

Webb começou cedo a carreira de ator: estava nos palcos de Nova York aos sete anos, como parte do grupo de Teatro Infantil de Nova York, e aperfeiçoou a imagem de esnobe e condescendente ao longo dos anos. Logo conseguiu papéis em Hollywood, em filmes como *Laura*, pelo qual foi indicado ao Oscar, e *O Fio da Navalha*. Webb se tornou mais conhecido, contudo, pelo papel como o sr. Belvedere, escritor irritável que assumiu o papel de babá de três crianças como pesquisa para livro vindouro. Os papéis lhe renderam fama e fortuna para gastar com Maybelle, sempre ao seu lado.

Eles estão no meio de nós.
Abra a sua mente, e eles estarão com você.
Dentro de você. — ***O Demonologista***

Mais tarde, quando surgiu a oportunidade de comprar a casa que no passado pertencera ao ator Gene Lockhart, Webb não perdeu tempo, visto que sempre admirara o imóvel. Depois da morte de Maybelle, em 1960, Webb promoveu sessões espíritas para contatar tanto a mãe quanto a amiga, Grace Moore, que ele vira como fantasma inúmeras vezes na casa. Com crença convicta na vida após a morte, Webb ficou contente por abrir os canais paranormais para se comunicar com aqueles no outro mundo, mais uma vez satisfeito consigo mesmo por Maybelle não estar distante.

 Webb morou na casa por vinte anos, cada vez mais recluso após o falecimento da mãe, até a morte, por insuficiência cardíaca, em 1966. Um ano depois, um produtor de TV e a esposa, colunista que escrevia para o *Los Angeles Times*, se mudaram para lá e tiveram visões de Webb zanzar pelos cômodos, farfalhar as cortinas, fitar a pobre mulher através da janela. O cômodo favorito de Webb, chamado de "Sala Grega" graças ao seu tema grego, fora transformado pelo casal em quarto de hóspedes. Visitantes eram submetidos às boas-vindas peculiares de Webb, que os trancava no banheiro, apagava cigarro em cima da cama ou jogava maços de cigarro para o outro lado do quarto (era notória sua intolerância ao fumo), e era muito possessivo quando se tratava da poltrona favorita. Sempre que a mulher se sentava na velha poltrona, o móvel supostamente pulava e emitia ruídos estranhos, provavelmente um esforço para forçá-la a tirar o traseiro do estofamento. Que coisa.

O Anel Agourento de Rodolfo Valentino

As mulheres não conseguiam se segurar quando o homem de olhos sombrios — e segredos ainda mais sombrios — desafiava as inibições no começo do século XX e causava frenesi nas bilheterias. Rodolfo Valentino roubou corações de milhares, estrelou filmes mudos como *O Sheik* (1921) e *Os Quatro Cavaleiros do Apocalipse* (1921), mas o que levou o lendário *latin lover* à morte em 1926 aos 31 anos?

Valentino nasceu Rodolfo Alfonso Raffaello Pierre Filibert Guglielmi di Valentina d'Antonguolla na Itália, em 1895, filho de veterinário italiano e da filha de cirurgião francês. Mudou-se para os Estados Unidos pouco antes do Natal de 1913, e encontrou emprego como *taxi dancer*, ou dançarino de aluguel, na Maxim's, em Nova York. Sua maestria no tango argentino mais tarde apresentou a dança a público mais amplo na carreira cinematográfica. Apesar de varrer o chão com as damas da alta sociedade, estava de olho no prêmio maior.

Mudou-se para a Califórnia, em 1914, e conseguiu papéis pequenos em alguns filmes, embora fosse escalado como vilão, dada sua aparência sombria. Os heróis da época eram tipicamente loiros com compleições claras; Valentino lutou para mudar a maneira como as mulheres reagiam a um homem com feições mais exóticas. Ele conseguiu — com uma vingança. *O Sheik*, lançado em 1921, solidificou sua reputação como amante intenso de olhos escuros pelo qual as mulheres ansiavam. O filme foi um enorme sucesso e solidificou seu status de grande estrela do cinema.

Mas como um homem que, embora azarado na própria vida amorosa, parecia ter tudo nas mãos decaiu tão depressa? Em 1920, Valentino apareceu em uma joalheria de San Francisco, Califórnia. Reza a lenda que, apesar de o joalheiro alertar o ator, a história sombria de um anel de prata, decorado com pedras semipreciosas, deixou Valentino intrigado o bastante para comprá-lo sem pensar duas vezes. Valentino era conhecido por seu gosto extravagante para joias e peles; como um pequeno anel poderia lhe fazer mal?

O anel, usado na filmagem de *O Jovem Rajah*, ficou relacionado ao maior fiasco de sua carreira. Recusou-se a usá-lo de novo até tê-lo como acessório de cena em *O Filho do Sheik*, e voltou a se acostumar a ter o anel de volta no dedo. Três semanas depois do término das filmagens, sofreu agudo ataque de apendicite e úlcera gástrica. Depois da cirurgia, contraiu peritonite e faleceu em 23 de agosto de 1926. As fãs ficaram inconsoláveis. Estima-se que milhares de pessoas se acotovelaram pelas ruas da cidade de Nova York no seu funeral, algumas até se suicidaram depois do enterro.

Mais tarde, a atriz e pretensa noiva de Valentino, Pola Negri, herdou o anel de prata. Após tomar posse do anel, Negri foi acometida por grave doença que interrompeu sua carreira no cinema. Passado um ano, deu a joia ao jovem cantor que achava parecido com Valentino, Russ Columbo. Poucos dias depois, Columbo estava morto, vítima de bizarro acidente com armas de fogo. Seu primo deu o anel de Valentino para Joe Casino, o melhor amigo de Columbo. Ciente de que havia mais do que apenas enfeites no anel, Casino o colocou em estojo e se esqueceu da joia. Anos se passaram até Casino se lembrar do anel. Tentou esquecer a bobagem dos boatos da maldição e colocou o anel no dedo. Morreu uma semana depois, vítima de um motorista que o atropelou e fugiu. Foi a vez de o irmão de Casino ficar com o anel. Embora não o usasse, o anel foi roubado de sua casa. O ladrão foi alvejado e morto pela polícia ao tentar escapar, o anel ainda com ele. A última vítima da pretensa maldição foi o ator que usou o anel enquanto rodava filme biográfico sobre a estrela caída. Durante as duas semanas em que o usou, foi diagnosticado com rara doença sanguínea e faleceu. A joia agora se encontra em segurança em um cofre de banco em Los Angeles.

*Foi a possibilidade da escuridão que fez o dia parecer tão brilhante. — **Stephen King***

Será que o anel era mesmo amaldiçoado, como o joalheiro alertara, ou tudo não passa de uma série de circunstâncias bizarras que levaram à derrocada de pessoas jovens e aparentemente saudáveis? Uma vez que o fantasma de Valentino foi avistado em diversos lugares de Hollywood, pode não ser exagero acreditar que ele tenha recolocado alguma mandinga no pequeno anel de prata.

O Espelho de Monroe

A carreira de Marilyn Monroe na mídia impressa foi lançada do trampolim do famoso Hotel Roosevelt, em Hollywood, Califórnia. Enquanto posava para o anúncio de pasta de dente na beira da piscina, na década de 1940, Monroe se afeiçoou ao glamouroso hotel, e com frequência se hospedava lá na década de 1950, à medida que a carreira decolava. Após sua morte, em agosto de 1962, o espelho de corpo inteiro com moldura escura, o favorito de Monroe, foi levado para o escritório do gerente.

Em 1985, após reforma na propriedade que levou dois anos, o Hotel Roosevelt estava pronto para brilhar mais uma vez e se juntar à elite dos hotéis de Hollywood como lugar para ver e ser visto. A funcionária Suzanne Leonard preparou o espelho para o saguão de elevador do hotel, e notou a figura loira de mulher no reflexo atrás de si. Ao virar-se para cumprimentar a mulher, não encontrou ninguém ali, ainda que o reflexo continuasse na superfície do enorme espelho. Mais tarde, a srta. Leonard descobriu que o espelho esteve no antigo quarto predileto de Monroe. Desde a instalação do espelho houve relatos de pessoas vendo o que acreditam ser o fantasma de Marilyn Monroe preso atrás do vidro frio.

CAPÍTULO 09

Ese aquela boneca que está te olhando torto não for apenas objeto em missão de ódio deslocada? E se a boneca tiver um propósito? Uma maldição deliberada infundida em item que então é dado ou passado para outra pessoa é chamado de mandinga.

No mercado eletrônico Etsy, estão disponíveis curas caseiras para remover qualquer maldição grudada na sola do sapato e que agora transforma sua vida em pesadelo. O site oferece tudo, desde sabonetes e velas a ervas, kits de feitiços e tinta cor de sangue de morcego para ajudar a livrar os afligidos pelo azar. Se alguém precisar de um pouco de apoio, feiticeiros esperam um e-mail para ajudar a se livrar da praga. A crença da pessoa não importa; reais ou imaginários, os efeitos psicológicos das mandingas podem ser devastadores para aqueles que sentem estar sob ataque. Às vezes, o poder da sugestão é o mais prejudicial de tudo.

Esses Romanos não Perdiam Tempo

Os antigos romanos não gostavam de se arriscar. Acreditavam que fantasmas podiam se vingar das pessoas depois que os corpos esfriassem, por isso, depositavam um pedaço de chumbo ou estanho inscrito com maldição no túmulo. A mandinga perturbava o espírito até que os desejos de quem jogou a praga fossem realizados. Apenas então o fantasma poderia descansar.

Em artigo para o *Discovery.com*, a escritora Rossella Lorenzi descreveu a descoberta arqueológica de centenas de tabuletas de maldições deixadas pelos romanos ao redor da Grã-Bretanha. Tratava-se de algo comum nas civilizações gregas e romanas: o sujeito que queria lançar a maldição riscava a mandinga em pergaminho ou tabuleta e a enterrava em lugares onde o submundo poderia encontrá-los: túmulos ou cisternas. As tabuletas também eram pregadas nas paredes dos templos; seus autores não se sentiam acanhados na busca por vingança contra quem achavam ter lhes feito mal. Um pergaminho encontrado nas fontes termais da cidade britânica de Bath dizia: "Tretia Maria, e sua vida, e mente, e memória, e fígado, e pulmões misturados juntos, e suas palavras, e pensamentos, e lembranças". Acho que alguém precisa de um abraço.

Um exorcista se vê ao mesmo tempo como um mero humano sendo posto à prova contra um inimigo impotente e com longa experiência em perpetrar a maldade. — **Thomas B. Allen**

Boneca Vitoriana: com Maldições Adicionais

Escondida na fissura da parede de tijolos de uma casa em Hereford, Inglaterra, havia a boneca de madeira da era vitoriana com atitude negativa. Seus membros eram de material de algodão quadriculado vermelho, ao passo que a cabeça era um pesadelo de tecido macio com traços de tinta no rosto carrancudo. Um cordão e uma maria-chiquinha de seda trançada pendiam do lado esquerdo da cabeça. O vestido da boneca era balão volumoso de bolinhas vermelhas sobre fundo azul-marinho, escondendo os pés — e oculto entre as dobras havia a maldição de uma senhora bastante chateada.

Atualmente no Museu de Herefordshire, a boneca está em exposição, acompanhada do bilhete que contém o desejo de que Mary Ann nunca fosse descansar, dormir nem comer pelo resto da vida — com o toque petulante na forma de desejo: de que a carne da mulher fosse devorada como gota extra de veneno.

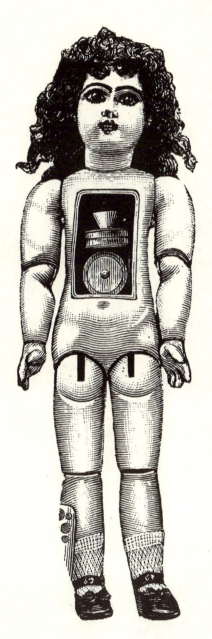

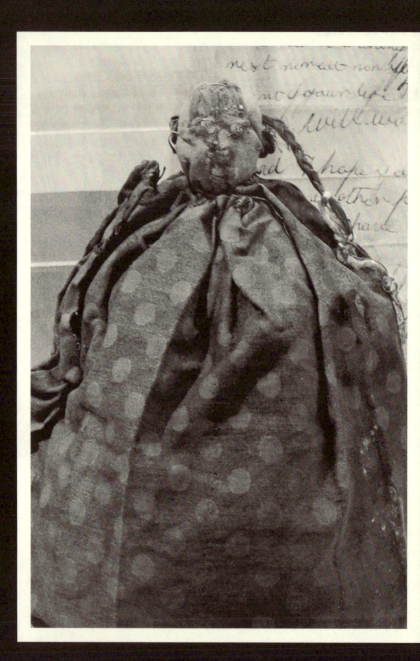

A Maldição em Forma de Coração

O ar estava carregado de especiarias, e visões exóticas aguardavam o influxo de viajantes para as famosas pirâmides do Egito depois que o arqueólogo Howard Carter revelou ao mundo as maravilhas da tumba do rei Tutancâmon, em 1922. Ansioso em fazer parte do grupo privilegiado do passeio pelas ruínas desertas em 1936, sir Alexander "Sandy" Hay Seton, décimo barão de Abercom, e a esposa, Zeyla, viajaram de Edimburgo para o Cairo. Será que o roubo do túmulo resultou em uma destrutiva assombração e contribuiu para o fim do casamento?

> *Para onde quer que você vá, leva a si mesmo.* — **O Livro do Cemitério**

O casal passeou pela área com seu guia Abdul, e entrou na recém-aberta tumba da jovem encontrada atrás das grandes pirâmides. O grupo desceu os degraus irregulares de pedra rumo ao sepulcro, e encontrou os restos mortais de corpo de época anterior à mumificação sob uma laje. A tumba em si tinha sido preenchida pela lama do Nilo em determinado momento e preservado o cadáver, aproximadamente 5 mil anos antes. O rio recuou e levou parte do corpo, deixou crânio, ossos das pernas e coluna, com algumas costelas esguias intactas e prontas para ser vistas por espectadores curiosos no século XIX. Enquanto os membros da comitiva se deleitavam na tumba escura, Seton estava mais do que pronto para fugir de volta para a luz do dia. Zeyla, fascinada pelo esqueleto, permaneceu com o restante do grupo, e pediu para dar a última olhada antes de voltar à areia escaldante do lado de fora.

De acordo com a autobiografia não publicada de Seton, *The Transgression of a Baronet* (A Transgressão da Baronesa), Zeyla implorou para pararem na loja de suvenir no caminho de volta ao hotel, e disse ao marido que tinha lembrancinha muito melhor da viagem. Então lhe mostrou o osso em forma de coração que retirara do esqueleto na tumba. Perplexo, Seton mandou que o guardasse, e não pensou mais nisso até voltarem para a Escócia.

Durante um jantar festivo, semanas depois, a viagem foi mencionada e Zeyla correu para pegar o osso e mostrar aos amigos. Colocou-o no estojo de um velho relógio, e o osso passou de mão em mão, exibido como "relíquia grotesca". Enquanto os amigos se retiravam naquela noite, os Seton quase foram esmagados por um pedaço enorme do parapeito do telhado, que se espatifou no chão a sessenta centímetros do casal, que se despedia dos convidados. Coincidência? Talvez.

Deixaram o estojo na sala de estar, e foram para a cama, abalados. Pouco depois, a babá da filha do casal disse ter ouvido barulhos em um cômodo, e suspeitava de intrusos. Após verificar o local e ajudar a babá a se acalmar, os Seton não viram nada. Na manhã seguinte, o osso foi encontrado no chão com o estojo tombado de lado. Endireitaram a caixa, e não voltaram a pensar no osso até algumas noites depois, quando os barulhos recomeçaram. O jovem sobrinho de Seton, Alasdair Black, contou à família, certa manhã, ter se levantado no meio da noite e visto "pessoa vestida com roupas engraçadas subir para o andar superior", mas, depois de passar uma noite

de vigília, Seton não conseguiu chegar a nenhuma conclusão. O tempo passou, e os ruídos misteriosos recomeçaram, mas dessa vez, quando inspecionaram o cômodo, móveis pesados foram tombados e o osso estava de volta no chão. Seton ligou toda aquela comoção ao osso egípcio roubado e disse à esposa que iria queimá-lo, e o casal brigou em seguida. Zeyla ficou empolgada com a ideia de ter o osso sobrenatural para exibir para os amigos. Então por que destruí-lo?

Seton se retirou para o clube, onde, depois de alguns drinques, contou aos amigos do osso e a confusão que causava em sua casa. Ao retornar, naquela noite, encontrou a mesa em que o estojo repousava despedaçada. A história relatada no clube vazou para um repórter, que a compartilhou com o mundo. Agências de notícias acossaram a família em busca de detalhes de o que estava acontecendo, mas não houve nada para contar até algumas semanas depois. A babá dos Seton contou ao barão como, em sua ausência, o cômodo soava como se estivesse mais uma vez sendo destruído por mãos invisíveis. Ao entrar lá dessa vez, descobriu que o quarto estava em ordem — a não ser pela mesa tombada, o vidro quebrado do estojo e o osso, agora estilhaçado em cinco pedaços.

No Boxing Day,[1] os Seton ofereceram jantar festivo para comemorar o feriado. Os amigos que ouviram falar do osso em forma de coração estavam curiosos para vê-lo, e perguntaram se ocorrera algum outro fenômeno. Um médico amigo de Zeyla reparou o osso o melhor que pôde, e o colocou na mesa que levava à sala de jantar. Enquanto os hóspedes desfrutavam das bebidas, a mesa voou pelo espaço e se chocou contra a parede oposta, com enorme estrondo. Uma festa só se torna uma festa de verdade se um osso amaldiçoado exije atenção, afinal. Foram requisitadas mais bebidas.

A história se espalhou à medida que os convidados voltavam

---

[1] Feriado comemorado no Reino Unido e em países que faziam parte do Império Britânico, no dia após o Natal. Faz parte do calendário litúrgico, e em alguns países é considerado um segundo dia de Natal. Também nesse dia as lojas fazem grandes liquidações. [NT]

Evalyn Walsh McLean usando o Diamante Hope no início dos anos 1900. Cortesia da Biblioteca do Congresso (EUA).

da festa, e notícias sobre o osso alcançaram público ainda maior. Seton começou a receber cartas, uma das quais, afirmou, era do arqueólogo Howard Carter, que lhe contou que coisas assim podiam acontecer, tinham acontecido e iriam continuar acontecendo. Seton já vira o suficiente.

Pediu a ajuda do tio, monge de Fort Augustus Abbey, e Seton estava pronto para exorcizar o osso e destruí-lo. O padre Benedict veio quando Zeyla estava ausente e realizou a cerimônia antes que voltasse, possivelmente para poupar a si mesmo da ira da mulher por perder sua principal "peça social". Seton então queimou o osso, e torceu para que as atividades paranormais cessassem para sempre. Em suas memórias, disse o seguinte: "Minha própria interpretação da questão é que através de algum poder religioso assombroso o osso adquiriu algum controle destrutivo, mas, se — e enfatizo a palavra 'se' — realmente carregava maldição, como muitas pessoas acreditavam, com certeza não terminou quando o destruí no fogo. De 1936 em diante, problemas, às vezes graves, pareciam sempre à espreita". Foi a última gota em casamento já problemático: Zeyla e Seton se divorciaram logo depois.

Azul Francês: a Maldição do Diamante Hope

Conhecido por uma série de mortes e desgraças notórias, o passado do Diamante Hope ainda permanece escondido por trás do véu sombrio do tempo. Único em tamanho, com seus 112,5 quilates, o belo diamante azul-marinho enfeitiça aqueles desafortunados o bastante para arcar com sua elegância obtida de maneira ilícita. A lenda começou em 1642, quando foi arrancado da testa (ou olho) da deusa indiana Sita por um sacerdote hindu, e contrabandeado para a Europa pelo joalheiro francês

Jean-Baptiste Tavernier. Comprada por Luís XIV da França em 1668, a gema voltou a ser lapidada para acentuar o estilo, e era conhecida como "Azul Francês" ou "Diamante Azul da Coroa", para ser usada suspensa por fita em volta do pescoço do rei.

Agora a lenda fica interessante. Boatos que circularam pela Europa diziam que, depois de vender a enorme joia, Tavernier viajou à Rússia, onde foi destroçado por lobos — morte horripilante. Na verdade, o joalheiro morreu aos 84 anos depois de se mudar para a Rússia. Não se sabe se lobos tiveram alguma participação em seu fim; entretanto, os primeiros burburinhos a respeito da maldição tinham se firmado.

Após a morte de Luís XIV, também chamado de Rei Sol, o diamante logo passou aos herdeiros, Luís XVI e a esposa, Maria Antonieta. Eles tiveram as cabeças desafortunadas separadas do restante do corpo durante a Revolução Francesa, assim como a dama da corte que usara o diamante. A princesa de Lamballe foi dilacerada pelas turbas francesas, a cabeça supostamente empalada em estaca e carregada até a janela de Maria Antonieta antes da morte da rainha. Uma sucessão de proprietários relatou histórias de infortúnios: o joalheiro holandês Wilhelm Fals voltou a lapidar o diamante, e foi mais tarde roubado e assassinado pelo próprio filho, e Jorge IV da Inglaterra morreu louco e soterrado por dívidas, tendo vendido o diamante para pagar os encargos. A joia foi parar nas mãos do banqueiro britânico Henry Thomas Hope por volta de 1830. Hope batizou a agora afamada gema com seu nome, e não fazia ideia de que sua família também sucumbiria à maldição do diamante azul conforme a fortuna diminuía, e fez com que a pedra fosse outra vez vendida para inúmeros donos após sua morte.

Figuraram entre os proprietários subsequentes o príncipe Ivan Kanitovski e a amante, madame Lorens Ladue. Depois de ordenar o assassinato de Ladue, o próprio Kanitovski foi morto por revolucionários russos. Abdul Hamid II, sultão da Turquia, comprou o diamante por 400 mil dólares em 1908 para sua concubina favorita, Surbaya, mas não demorou a recebê-lo de volta depois de ordenar que ela fosse esfaqueada até a morte, um ano depois. Hamid foi mais tarde deposto na insurreição turca.

O Diamante Hope foi obtido pelo famoso joalheiro Pierre Cartier no início do século XIX. Procurando um comprador abastado para item tão raro, Cartier mostrou o Diamante Hope para Evalyn Walsh McLean em Paris, em 1910. Depois de, a princípio, recusar a oferta devido ao engaste, McLean por fim o comprou, e acreditou que lhe traria sorte, em vez da infelicidade que parecia vir em seu rastro. Infelizmente, o diamante parece ter atacado outra vez: seus dois filhos morreram em tenra idade, e seu casamento chegou ao fim. A pedra foi vendida pelos herdeiros, a fim de saldar as dívidas do extravagante estilo de vida de McLean.

Harry Winston, joalheiro que adquiriu o Diamante Hope em 1949, doou a pedra ao Instituto Smithsoniano, em 1958, para apoiar a causa, a fundação de coleção nacional de joias. No entanto, o diamante não se rendeu de maneira pacífica. Entregue ao museu em pacote simples de papel marrom, o entregador, James Todd, mais tarde perdeu a casa queimada, sofreu ferimento na cabeça em acidente automobilístico e teve a perna esmagada em outro acidente com caminhão.

Será que a joia é amaldiçoada ou simplesmente faltou sorte aos antigos donos? A maior parte das "maldições" pode ser atribuída a circunstâncias ultrajantes, mas quem somos nós para duvidar do olho que pisca de uma deusa hindu?

CAPÍTULO 10

T oda cultura tem seu método para lidar com a vida após a morte. Algumas temem o desconhecido enquanto outras o celebram, mas muitas culturas apenas querem que o fantasma fique em seu lugar depois de ter sido deixado em um cemitério agradável longe de casa. Como você pode impedir que seu lar se torne uma parada no caminho para o purgatório? Experimente estas técnicas retiradas da história e do mundo todo:

Chamado com frequência de "ferro frio" por ser gelado ao toque, esse metal tem longa história em repelir espíritos. Cercas de ferro decorativas em volta de cemitérios tinham a função de manter os espíritos presos no lado de dentro enquanto a haste de ferro depositada na cova acrescentava proteçãozinha extra para garantir que o fantasma não se ergueria do local de repouso e retornaria para ver o que tinha para jantar. Ferraduras não traziam apenas sorte para o dono da casa, caso fossem pregadas acima da porta; o ferro afasta quaisquer fantasmas errantes que queiram aparecer para bater papo.

SAL

Por ser substância pura da terra, acredita-se tradicionalmente que o sal purifica objetos e ambientes. Levar um pouco dentro do bolso não apenas protege você de fantasmas, mas também garante que estará preparado caso se depare com batatas fritas com pouco tempero. Uma fileira de sal salpicada nas soleiras das portas e janelas impede que espíritos malevolentes entrem e façam balbúrdia. Vasilhas de sal colocadas dentro de casa podem ajudar a expulsar um fantasma relutante em se mudar ou livrar a área de atividades paranormais residuais. Qualquer tipo de sal pode ser usado, mas sal marinho e kosher[1] são recomendados.

SORVEIRA-BRAVA

Uma cruz de madeira de sorveira-brava presa com fio vermelho e costurada entre o forro e o tecido exterior da roupa protege o usuário de quaisquer travessuras fantasmagóricas. Na Escócia do século XVIII, os montanheses[2] penduravam galhos de árvores acima da porta de seu lar para afastar quaisquer visitantes sobrenaturais indesejados. Escocesas também eram conhecidas por usar colares de frutos de sorveira-brava amarrados com fios vermelhos, como proteção contra espíritos malignos. Igrejas galesas plantavam essas árvores em volta dos cemitérios para vigiar e proteger os espíritos dos mortos. Mais para o norte, a sorveira-brava era plantada diretamente em cima da cova para evitar que o corpo (e o espírito) assombrasse a família.

---

1 Kosher, em iídiche, significa *próprio*, que se refere aos alimentos próprios para consumo de acordo com a lei judaica. [NT]
2 *Highlanders,* no original, são os habitantes das Terras Altas (Highlands), zonas montanhosas no norte e oeste da Escócia. [NT]

TINTA HAINT[3]

A crença de que fantasmas não podem viajar por cima de massas de água ajudou a criar o singular tom de azul encontrado nas casas de muitos ex-escravos na Carolina do Sul e na Georgia. Ao misturar limão, leite e quaisquer que fossem os pigmentos que conseguissem encontrar que imitassem o azul do mar em um buraco no solo, cobriam todas as aberturas que levavam ao interior da casa com a tinta *haint*, inclusive portas, persianas das janelas e tetos das varandas, em esforço para confundir os espíritos travessos e fazê-los parar de imediato

CASAS DE ESPÌRITOS

A tradição no Sudeste da Ásia de construir casas de espíritos para honrar e apaziguar entidades que influenciam o cotidiano pode ser vista em quase todos os lares e empresas tailandeses. Uma pequena estrutura é construída e colocada dentro do quintal do proprietário, com frequência imitando a casa perto da qual está, e decorada com símbolos e diversas estatuetas, como animais e pessoas. Uma longa varanda circundante pode ser acoplada para segurar velas e incenso, e ter lugar para flores. Algumas casas de espíritos são grandes o bastante para entrar, dependendo de qual espírito o construtor espera atrair, como os Phra Bhum Jowthee, ou Espíritos Guardiões da Terra, sendo cada oferenda um nível diferente de proteção para a família. Oferendas aos espíritos costumam consistir em flores, folhas de bétele, aves e velas. Isso ajuda a garantir que os espíritos da natureza e daqueles que passarem para a morte antes deles olhem com benevolência para a família.

---

3   Variação da palavra *haunt* (assombrar), como é pronunciada em alguns lugares do Sul dos Estados Unidos. [NT]

SUBINDO! 10... 11... 12... 14?

Arranha-céus podem "pular" andares. Visto que em algumas culturas fantasmas podem viver apenas no décimo terceiro andar por causa do número azarado, construtores tendem a "pular" qualquer coisa associada a esse número. Da próxima vez que você estiver no elevador de um prédio alto, verifique se deixaram de fora o andar amaldiçoado.

Assim como os norte-americanos se mantêm longe do número treze, os nativos do Sudeste Asiático abominam o quatro. Alguns prédios não têm o quarto andar e podem até "pular" todos os andares subsequentes terminados nesse número.

TELHADOS COM LINHAS CURVAS

Por conta da crença budista de que os fantasmas podem apenas viajar em linha reta, a curva fluida de um telhado faz com que seja especialmente difícil para um fantasma inoportuno se instalar. Pense nisso como uma montanha-russa para o mundo espiritual.

PAREDES FANTASMAS

Os chineses não dão sopa para o azar. Se um espectro consegue penetrar na casa, se depara com a "parede fantasma" protetora. Quando convidados chegam, são forçados a virar um pouco para um lado ou outro, algo que um fantasma não consegue fazer e é forçado a recuar.

ENTRADAS SERPENTEANTES PARA CARROS

Nas mesmas linhas do telhado, entradas serpenteantes para carros confundem os fantasmas e os mandam embora perdidos, o que faz a entrega de pizzas para os mortos um verdadeiro desafio.

SAÌDA PARA FANTASMAS PELO PORÃO

Nas Filipinas, acredita-se que fantasmas desistem do sótão e se acomodam no porão embaixo da casa. A fim de evitar que vaguem livremente pelos andares superiores da casa, os proprietários mandam escavar uma saída separada por baixo do porão, para seus visitantes do outro mundo.

CANTO NORDESTE DA CASA

Os japoneses acreditam que nessa direção se encontra o Kimon, ou "Portão do Diabo". Para se proteger de travessuras espirituais, entradas, janelas, portas e banheiros jamais são construídos no canto nordeste da casa. Fonte de quaisquer infortúnios que recaem sobre a família, esse é o lugar de onde os espíritos malignos emanam. A última coisa que você precisa é de um fantasma no encanamento do seu banheiro.

PLANTAS

Violetas plantadas ao redor das casas na Grécia ou sempre-vivas no telhado podem impedir um fantasma de fazer bagunça. Já os astecas acreditavam que sementes de estramônio repeliam atividades sobrenaturais em qualquer área onde cresciam. Scott Cunningham, no livro *The Magical Household: Spells and Rituals for the Home* (A Residência Mágica: Feitiços e Rituais para o Lar), sugere preencher uma meia velha com sal, sálvia, verbasco, tanaceto e outras ervas protetoras e enterrá-la embaixo da varanda da frente, para manter os fantasmas afastados. Ou espalhar endro com sal, verbasco ou erva-doce em volta dos lugares onde você acredita que fantasmas estão, pois parece que eles não gostam de ser bem temperados.

Alho pendurado acima da porta não é apenas para os vampiros dentuços — pode ser eficiente para fazer com que um fantasma deixe você em paz. Pregue uma guirlanda de alho ao lado da porta da frente. Se você sentir que um enxerido paranormal o está incomodando, morda um dente de alho e jogue-o fora — o fantasma vai segui-lo, em vez de perambular ao redor da casa.

DEUSES DE PORTAIS

Retratos dos generais chineses Qin Shubao e Yuchi Jingde guarnecem cada um dos lados da soleira de um templo, casa ou negócio, como aviso para os fantasmas de que os ocupantes não vão tolerar seus disparates. Remontando à Dinastia Tang, a tradição começou com o imperador Tang Taizong, que ordenou que fizessem retratos de seus generais mais confiáveis e ferrenhos. Depois que o imperador os pendurou do lado de fora do próprio palácio, seus súditos seguiram o exemplo, na esperança de atrair sorte, e, ao mesmo tempo, assustar espíritos malignos.

O GLOBO DA FELICIDADE

Outrora conhecido como esfera da bruxa, a princípio foi criado na Europa do século XVIII para afugentar espíritos malignos. Geralmente pendurado na janela leste para captar os primeiros raios de sol da manhã, o globo era tradicionalmente feito de vidro verde ou azul, embora existam relatos de outros construídos com madeira, vidro ou pequenos gravetos com espirais de vidros enroscados no interior. A lenda conta que as esferas eram usadas para atrair espíritos malignos com as cores brilhantes, capturando-os conforme se enroscavam nos fios. Agora vistas mais como objetos decorativos, ainda se acredita que esferas da bruxa prendem fantasmas com dedos grudentos.

Esta esfera de vidro é chamada de globo da felicidade, mas alguns se referem a ela como esfera da bruxa. Cortesia de LaMishia Allen Photography.

OBJETOS OCULTOS EM PAREDES

Gatos, sapatos e até mesmo roupas. A antiga crença é que, ao enterrar um item no interior das paredes de casa, os ocupantes estarão protegidos da influência de espíritos maldosos, assim como de bruxas. O diretor funerário Richard Parson contou ao jornal britânico *The Telegraph*, em abril de 2009, da descoberta da múmia de gato emparedado, havia séculos, em sua casa, após o começo da reforma: "Aparentemente, há quatrocentos anos as pessoas colocavam gatos atrás das paredes para afugentar bruxas. Isso claramente funciona, visto que desde que moramos no vilarejo não vimos nem ouvimos bruxa alguma". Deve funcionar para fantasmas também.

Acreditava-se que sapatos eram os únicos artigos de vestimenta que retinham a forma de seus antigos donos depois de descalçados. Colocar um sapato, por costume um de criança, dentro das paredes de casa tinha como objetivo proteger a família, além de ser garantia de sorte. Por que sapato de criança? Os sapatos costumam custar menos para fazer e param de servir nas crianças com mais rapidez. Com distinta falta de lojas de consignação seiscentos anos atrás, essa era a maneira fácil de "reciclar" o calçado, ao mesmo tempo que os fantasmas eram mantidos a distância. Teorias recentes alegam que a pureza das crianças detinha quaisquer travessuras maldosas que um espírito tentasse infligir à residência. Um sapatinho foi encontrado recentemente na ponte Sydney Harbour, na Austrália, de acordo com história on-line da BBC. O historiador Ian Evans disse o seguinte sobre a colocação do sapato no túnel de acesso perto da famosa Opera House, na década de 1920: "Foi escondido por um construtor ou pedreiro como proteção contra as forças do mal".

Roupas escondidas sob os beirais dos telhados podem significar mais do que relutância em lavar as peças. Visto que alguns itens conservam o cheiro de humano por mais tempo do que outros, podem ser considerados proteção para a residência contra espíritos indesejados. O Deliberately Concealed Garments Project (Projeto de Vestimentas Escondidas Deliberadamente), on-line em concealedgarments.org, é um banco de dados de pesquisa cheio desses objetos. Esconderijos de chapéus, sapatos e roupas de baixo foram encontrados por toda a Grã-Bretanha, ocultos na esperança de manter um fantasma curioso longe do sótão.

AMULETOS E TALISMÃS

À medida que culturas se desenvolviam, cada uma tinha seu próprio sistema para lidar com o outro mundo e controlar aqueles espíritos levados. Algumas escolhiam pedras preciosas, como ametista, obsidiana ou quartzo, e acreditavam que a única coisa que poderia se opor aos avanços obstinados de um fantasma era o uso de terra em sua forma mais pura. Outras carregavam prata. Considerada maneira de se proteger contra fantasmas, o povo miao, do sudoeste da China, se cobre o máximo possível com joias, itens de vestimenta e ornamentos de cabeça. Sua crença é a de que, depois que você morre, há três fantasmas separados: um para a tumba, outro para viajar até os ancestrais e um terceiro que, se a morte foi inesperada ou acidental, pode vagar pelas ruas e causar problemas para os vivos.

O FIM É SÓ O COMEÇO

Quer seja uma mixórdia sobrenatural, quer seja apenas uma bagunça horripilante, nós encontramos mais objetos sobrenaturais a cada dia à medida que os vivos ficam mais sintonizados com suas contrapartes paranormais. O véu entre nosso corpo mortal e o outro mundo pode estar menos distinto, e isso deixa um pouquinho de espaço para os fantasmas voltarem a visitar os objetos que deixaram para trás. Essas histórias passadas de geração em geração podem não ser contos da carochinha, principalmente se a carochinha ainda gosta da cadeira de balanço que você herdou e que está na sua sala de estar.

Quando nos debruçamos e ouvimos — ouvimos com atenção —, descobrimos mais do mundo invisível. Será que os fantasmas são rasgo nas dimensões ou o produto de imaginação fértil? Será que a energia pode escolher onde se colocar sem o benefício de corpo ou se acomodar em lugar confortável e esperar que alguém lhe dê atenção? Conforme exploramos mais a respeito de objetos sobrenaturais, nos permitimos afastar para o lado o mundano e ver o que existe por baixo. Nossa curiosidade nunca está satisfeita. Nossa jornada para descobrir como o além interage com o mundo dos vivos apenas começou.

Obrigada por permitir a nossa conexão nesta grande experiência dark de *Objetos Sobrenaturais: Histórias Reais & Artefatos Sombrios*. Lembre-se de continuar curioso, mantenha-se aberto e faça as perguntas das quais tememos as respostas — o que descobrimos com certeza vale algumas noites insones.

OBJETOS SOBRENATURAIS
STACEY GRAHAM

CONSULTAS SOBRENATURAIS

Addy, Sidney Oldall. "Traditional Remains." *Household Tales with Other Traditional Remains: Collected in the Counties of York, Lincoln,...* Hardpress, 2013.

Allison, Andrea. "The Curse of James Dean's Car." *Ghost Stories: Collections of Stories About Paranormal Phenomena*. 20 maio 2007.

_____. "Mandy the Doll." *Ghost Stories: Collections of Stories About Paranormal Phenomena*. 25 ago. 2010.

"America's Most Haunted Hotel." *America's Most Haunted Hotel*. Disponível em: <http://americasmosthauntedhotel.com/>.

"Annabelle." *The New England Society for Psychic Research*. Disponível em: <http://warrens.net/Annabelle.html>.

Antier, Cheryl. "French Riviera Haunted Places: Errol Flynn's Yacht—the Zaca." *Examiner.com*. Sem editor. 24 out. 2009.

Aveni, Anthony F. *Behind the Crystal Ball: Magic, Science, and the Occult from Antiquity through the New Age*. Nova York: Times Books, 1996.

Beal, Matti. "Haunted Dolls and Why We Hate Them." *The Spooky Isles*. The Spooky Isles.

Belanger, Jeff. "L'Empire De La Mort." *The Catacombs of Paris, France*. Disponível em: <www.ghostvillage.com>. 4 out. 2003.

"Belcourt Castle." HauntedHouses.com.

Bowman, Susanne. "Aunt Pratt ... Shirley's Own Ghost." *The Free Lance-Star* (Fredericksburg, Virgínia), 6 set. 1975. Town and Country sec.: p. 13-14.

Broome, Fiona. "Spiritual Protection for Ghost Hunters." *Spiritual Protection for Ghost Hunters*. Hollow Holl. 12 abr. 2008.

Brown, Alan. "The Driskill Hotel." *The Big Book of Texas Ghost Stories*. Mechanicsburg, Pensilvânia: Stackpole, 2012.

Buckland, Raymond. *The Weiser Field Guide to Ghosts: Apparitions, Spirits, Spectral Lights, and Other Haunting of History and Legend*. San Francisco: Weiser, 2009.

"Burton Agnes Hall: The Ghost." *Burton Agnes Hall*. Disponível em: <http://www.burtonagnes.com/The_Hall/The_Ghost.html>.

Butterworth-McKittrick, Norma Elizabeth; Roberts, Bruce. *Lighthouse Ghosts: 13 Bona Fide Apparitions Standing Watch Over America's Shores*. Birmingham, Alabama: Crane Hill, 1999.

"Calgarth Hall". *Variety Portal*. Disponível em: <www.varietyportal.com/calgarth-hall>. (Site fora do ar.)

Christensen, Jo-Anne. "Mandy: Quesnel's Haunted Doll." *Ghost Stories of British Columbia*. Toronto: Hounslow, 1996.

"Crosses of Rowan-Tree Used as Charms." *Crosses of Rowan-Tree Used as Charms*. ElectricScotland.com.

Cunningham, Scott; Harrington, David. *The Magical Household: Spells & Rituals for the Home*. Saint Paul, Minnesota: Llewellyn Publications, 2003.

"Curse of the Mary Celeste." *Ghost Ships of the World*. 11 out. 2011.

"Curse of the Mummy." *Scotsman.com*. Johnston Publishing, Ltd. 21 abr. 2005.

"The Cursed Ring." *Unsolved Mysteries of the World*. 10 maio 2010.

"The Cursed Skull of Tunstead Farm." Ludchurch.

"Dark Destinations—The Hollywood Sign." *TheCabinet.com*. Dark Destinations.

Davis, Jefferson. *Ghosts and Strange Critters of Washington and Oregon*. Vancouver, Washington: Norseman Ventures, 1999.

"Deliberately Concealed Garments | Discover Items Which Have Been Hidden or Buried in Buildings." *Deliberately Concealed Garments*. Arts and Humanities Research Council.

"The Driskill Hotel: Historic Texas Hotels." *Downtown Austin Hotels*.

Ellis, Melissa Martin. *The Everything Ghost Hunting Book: Tips, Tools, and Techniques for Exploring the Supernatural World*. Avon, Massachusetts: Adams Media, 2009.

Elvis. "Ghost Culture in China." *Orichinese*. Orichinese. 15 abr. 2012.

"Etna Furnace." *Blair County Historical Society*. Disponível em: <http://www.blairhistory.org/visit/historic-sites/etna-furnace/>.

Farnsworth, Cheri. "Lizzie Borden House." *Haunted Massachusetts: Ghosts and Strange Phenomena of the Bay State*. Mechanicsburg, Pensilvânia: Stackpole, 2005.

"The Fate of Theodosia Burr." *Coastal Guide*. Disponível em: <http://www.coastalguide.com/packet/theodosiaburrmystery.shtml>.

"Flatmates Put 'Haunted Mirror' up for Sale on Ebay after Being Dogged by Bad Luck, Financial Misery and Illness since Rescuing It from Dumpster." *Mail Online*. *Daily Mail*. 19 fev. 2013.

Floyd, E. Randall. *More Great Southern Mysteries: Florida's Fountain of Youth, Ghosts of the Alamo, Lost Maidens of the Okefenokee, Terror on the Natchez Trace, and Other Enduring Mysteries of the American South*. Little Rock: August House, 1990.

"The Flying Dutchman: Facts and Legends." *HubPages*. HubPages, Inc.

"Flying Dutchman." *Occultopedia, the Occult and Unexplained Encyclopedia*. Disponível em: <http://www.occultopedia.com/f/flying_dutchman.htm>.

Forde, Matt. "The Mexican Island Haunted by Evil Dolls." *Environmental Graffiti*. Environmental Graffiti, 2010.

Frye, Todd. "The Hope Diamond Curse." *Weird Encyclopedia*, 2007.

"Full Text of 'The Ballads & Songs of Derbyshire. With Illustrative Notes, and Examples of the Original Music, Etc.'" Internet Archive.

Getchell, Susan. "A Doll's Story: Coincidence or Something Else?" *Quesnel Cariboo Observer*, 2 set. 1992: A17+.

"Ghost of Bloody Mary." *Religious-information.com*.

"Ghostly Tales and a Graveyard Trail." *Shirley Plantation*.

"The Golden Gate." *Haunted Bay*. Disponível em: <http://www.hauntedbay.com/features/goldengate.shtml>.

"Golden Gate Bridge." *Weird California*.

Gottlieb, Matthew. "Aaron Burr's Conspiracy." *The History Channel Club*. 4 jun. 2009.

Guiley, Rosemary. *The Encyclopedia of Ghosts and Spirits*. Nova York: Facts on File, 1992.

Hambrick, Judd. Ed. "Aaron Burr's Daughter Disappears: Pirates Suspected." *Southern Memories and Updates*. Disponível em: <http://southernmemoriesandupdates.com/stories/aaron-burrs-daughter-disappears-pirates-suspected/>. 4 out. 2011.

Harrington, Hugh T. "Wayne's Bones." *AmericanRevolution.org*.

Hauck, Dennis William. *Haunted Places: The National Directory: A Guidebook to Ghostly Abodes, Sacred Sites, UFO Landing, and Other Supernatural Locations*. Nova York: Penguin, 1996.

"Haunted Dolls —Paranormal or Just Plain Creepy?" *Weekly Spectre*. 21 maio 2010.

"Haunted Items." *Haunted Items*. Mysterious Britain & Ireland. 12 nov. 2008.

"Hereford Museum Collections." *Herefordshire Museum*. Herefordshire Council.

"History of a Colour: Haint Blue." *Histories of Things to*

Come. Histories of Things to Come. 20 set. 2011.

"**History of the Catacombs of Paris.**" *Catacombs of Paris Museum*. Catacombes De Paris.

"**History of the Hope Diamond.**" *Smithsonian Education*. Smithsonian Institute.

Holzer, Hans. *Ghosts: True Encounters with the World Beyond*. Nova York: Black Dog & Leventhal, 1997.

"Hope Diamond." PBS.

"**How to Protect Against Ghosts.**" *How to Protect Against Ghosts*. Manzanillo's Best Travel Guide.

"**In the Wake of the Zaca.**" *The Sailing Channel*. 2009.

"**Is Belcourt Castle in Rhode Island Haunted?**" *The Haunted Hovel*.

Kaczmarek, Dale. "Eastland Disaster." *Ghost Research Society*, 2011.

Karl, Jason; Acorah, Derek. "The Case of the Haunted Doll." *21st Century Ghosts: Encounters with Ghosts in the New Millenium*. Londres: New Holland, 2007.

Kelly, John. "'Black Aggie': D.C. Statue Cloaked in Superstition.**"** *Washington Post* (Washington, D.C.). 18 ago. 2012.

Kennedy, Duncan. "Concealed Shoes: Australian Settlers and an Old Superstition." BBC News. BBC. 16 mar. 2012.

"**Lady Lovibond. Goodwin Sands.**" *Haunted Island*. 17 dez. 2010.

Lamkin, Virginia. "The Ghost of Theodosia Burr Alston." *Seeks Ghosts*. Central New Mexico Ghost Investigations. 27 set. 2011.

_____. "Ghost Ship: Lady Lovibond." *Seeks Ghosts*. Central New Mexico Ghost Investigations. 29 maio 2011.

_____. "Haunted Electric Chair: Ted Bundy." *Seek Ghosts*. Central New Mexico Ghost Investigations. 30 mar. 2012.

_____. "Rudolph Valentino's Ghost and Cursed Ring." *Seek Ghosts*. Central New Mexico Ghost Investigations. 20 set. 2011.

_____. "Shirley Plantation: The Ghost of Aunt Pratt." *Seek Ghosts*. Central New Mexico Ghost Investigations. 21 nov. 2011.

Lechniak-Cumerlato, Stephanie. "Superstitions, Legends, Folklore, and Black Cats." *Haunted Hamilton*.

"**Legend of the Screaming Skull.**" *Screaming Skull*. Real British Ghosts.

"**Lendas das Esferas das Bruxas.**" *Sunny Reflections* [Reflexões Ensolaradas]. Moonlight Go, llc.

Legg, Rodney. "Bettiscombe." *Dorset Life*. jun. 2009.

Lewis, Fairweather. "Lady Lovibond." *Fairweather Lewis*. 1º abr. 2010.

_____. "Valentino's Ring." *Fairweather Lewis*. 28 set. 2010.

"**London Bridge—Lake Havasu City.**" *Haunted Places of Arizona*.

Lorenzi, Rossella. "Roman Curses Appear on Ancient Tablet." *Discovery News*. Discovery. 21 ago. 2012.

"**Mandy.**" *Quesnel & District Museum and Archives*.

"**Mexico's Creepiest Tourist Destination: Island of the Dolls.**" *Web Urbanist*.

Mingus, Jade. "History and Hauntings of The Driskill Hotel." *Kvue.com*. 30 out. 2012.

Moran, Mark. "Robert—Key West's Living Doll." *Weird U.S.* Nova York: Sterling, 2009.

_____. "The Two Graves of Mad Anthony Wayne." *Weird U.S.* Nova York: Sterling, 2009.

"**Most Haunted Places in America: Haw Branch Plantation.**" *Ghost Eyes*. Most Haunted Places in America.

"**The Moving Coffins of Barbados.**" *The Moving Coffins of Barbados*. Slightlywarped.com

Nickell, Joe. "Another Ghost in the Mirror: Marilyn at the Hollywood Roosevelt?" *Center for Inquiry*. 31 maio 2011.

Norman, Michael; Scott, Beth. *Historic Haunted America*. Nova York: Tor, 2007.

Ogden, Tom. *The Complete Idiot's Guide to Ghosts and Hautings*. Indianópolis, Indiana: Alpha, 2004.

_____. *Haunted Hollywood: Tinseltown Terrors, Filmdom Phantoms, and Movieland Mayhem*. Guildford, Connecticut: Globe Pequot, 2009.

Okonowicz, Ed. *Haunted Maryland: Ghosts and Strange Phenomena of the Old Line State*. Mechanicsburg, Pensilvânia: Stackpole, 2007.

Parkinson, Daniel. "Screaming Skulls — An Introduction." *Mysterious Britain & Ireland*.

Parzanese, Joe. "Ships." *Weird California*. Nova York: Sterling, 2009.

"**Phantoms of Old House Woods near Mathews, Virginia.**" *Mid-Atlantic Hauntings and*

Ghosts. 12 nov. 2011.

Pony. "An Evening at The DrisKILL." *Reviews by Pony.* 9 abr. 2012.

"The Possessed Doll... Annabell." *Butner Blogspot.* Disponível em: <http://butnerblogspot.wordpress.com/2008/10/04/the-possessed-dollannabell/>. 4 out. 2008.

Powell, Kimberly. "Death & Burial Customs." *About.com Genealogy.*

Ramsland, Katherine. "Ted Bundy's Ghost." *Psychology Today.* 27 out. 2012.

Rebman, Kimberly P. *Haunted Florida: A Guide to the Departed Soul.* Bloomington, Indiana: AuthorHouse, 2008.

Reilly, Fiona. "Langde: The Protection of Silver." *Life on Nanchang Lu.* Disponível em: <www.lifeonnanchanglu.com>. 28 abr. 2011.

Reinbold-Gee, Shannon. "Belcourt Castle." *Real Haunted Houses: Belcourt Castle Comments.* Real Haunts.

"Restless Skulls." *Peakland Heritage.* Peakland Heritage.

"Robert the Doll." *Key West Art and Historical Society.*

"Roosevelt Hotel." *Hollywood Haunted House, Roosevelt Hotel.* HauntedHouses.com.

Rosenberg, Jennifer. "The Curse of the Hope Diamond." *20th Century History.* Disponível em: <www.about.com/>.

Savill, Richard. "400-year-old Mummified Cat Found in Walls of Cottage." *The Telegraph.* 22 abr. 2009.

"Sawston Hall." *Mysterious Britain & Ireland.*

"The Screaming Woman of Haw Branch." *Ghost Stories & Haunted Places.* Hauntedstories.net.

"Secrets of the Smithsonian — History of the Hope Diamond." Smithsonian Education.

Seton, Alexander. "Extract of Manuscript." *Scotsman.com.* Johnston Publishing. 21 abr. 2005

"Shoes in the Wall." *Shoes in the Wall.* Wayland Historical Society.

"The Skulls Of Calgarth Hall." *The Skulls Of Calgarth Hall.* Bedlam Library.

Smith, Katherine S. "Don CeSar Hotel Gets a Major Makeover, Name Change." *Tampa Bay Times.* 17 set. 2011.

"Star of India." *Star of India.* HauntedHouses.com.

"Star of India." *Haunted Ghost Ship, San Diego.* GoThere Corporation.

Stefko, Jill. "Moving Coffins Cases: Buxhowden & Chase Families' Crypts." *Suite101.com.*

Steiger, Brad. *Real Ghosts, Restless Spirits, and Haunted Places.* Canton, Michigan: Visible Ink, 2003.

Stoner, Barry. "Hope Diamond." *Treasures of the World.* PBS.

"Tall Ship Review." *Tall Ship Review.* Squidoo.

Taylor, L.B. "Crescent Hotel — Eureka Springs!" *American Hauntings.* Whitechapel Productions Press.

_____. "Ghosts of London Bridge in Arizona!" *Ghosts of the Prairie History & Haunting of America.* Troy Taylor/Ghosts of the Prairie.

_____. *Haunted Virginia: Ghosts and Strange Phenomena of the Old Dominion.* Mechanicsburg, Pensilvânia: Stackpole, 2009.

_____. "The Haunts of the Hollywood Sign." *Prairie Ghosts.* Troy Taylor/Ghosts of the Prairie, 2001.

_____. "Lizzie Borden: History & Hauntings of This Famous Case." *Lizzie Borden: History & Hauntings of This Famous Case.* Whitechapel Productions Press.

Trott, Tim. "The Mysterious Moving Coffins of Barbados." *Your Paranormal,* 31 jan. 2009.

"Two Graves of 'Mad Anthony' Wayne." *The New York Times.* 13 jul. 1902.

"USS *Constellation*." *Historic Ships in Baltimore.* Historicships.org.

"The USS *Hornet* Alameda's Haunted Aircraft Carrier." *Haunted Bay.*

"Wayne Buried in Two Places." *Paoli Battlefield.* Independence Hall Association.

Weiser, Kathy. "The Haunted Crescent Hotel in Eureka Springs, Arkansas." *Legends of America.* set. 2012.

"The Wilful Skull of Chilton Cantelo." *Ghosts UK.* Disponível em: <www.ghosts.org.uk>.

"Witch Ball Legends." *Sunny Reflections.* Moonlight Go, LLC.

Young, David. "The Eastland Disaster." *Chicago Tribune.* 24 jul. 1915.

AGRADECIMENTOS

Uma das melhores coisas sobre escrever um livro como este é conhecer os indivíduos fabulosos que compartilharam suas histórias e fotografias comigo: um enorme obrigado para Theresa e Todd Apple, Scott Browne, Morrighan Lynne, Brian McKavanagh, Nancy Reynolds, Sandi Rowe, Lucy Cheung, Gill Hoffs, Sèphera Girón e Suzanne Kraus Mancuso. Suas contribuições deram vida a este objeto sobrenatural.

Eu gostaria de agradecer a minha agente, Dawn Frederick, por nunca revirar os olhos quando apareço com ideias loucas para livros; e minha editora, Amy Glaser, e a fantástica equipe da Llewellyn pela ajuda no processo de levar até vocês *Objetos Sobrenaturais: Histórias Reais & Artefatos Sombrios*.

Um agradecimento pessoal ao meu marido, Bryan, e às minhas filhas, Rowyn, Syenna, Wynter, Lily e Vyolette, por intermináveis noites de pizza e questionáveis habilidades para serviços domésticos enquanto escrevia este livro; e a Melanie Swiftney, Jason Tudor e Angie Mansfield, por seu apoio infinito. Gostaria de acrescentar um agradecimento muito especial a Beth Bartlett pelas incríveis habilidades em realizar entrevistas em meu nome e me manter nos eixos quando queria me esconder embaixo da minha mesa e comer biscoitos.

Stacey Graham passou grande parte dos últimos vinte anos como caça-fantasmas sentada em sótãos escuros esperando para cutucar o paranormal e ver se ele ri. Quando não está lutando contra fantasmas, ela gosta de ler Jane Austen e escrever poemas sobre zumbis, comédias e histórias de fantasmas. Ela é autora de *The Girl's Ghost Hunting Guide* (2012) e *Zombie Tarot* (2012), além de inúmeros contos. Ela vive no subúrbio de Washington, D.C., com o marido, cinco filhas e festivas criaturas dos bosques. Saiba mais em staceyigraham.com e weeghosties.com.

Dianne Hoffman é artista plástica nascida e criada no sul da Califórnia. Seu trabalho envolve principalmente a produção de objetos macabros com materiais esquecidos, reciclados e misturados com colagem, pintura e argila. Suas peças podem ser encontradas em coleções do mundo inteiro, dos Estados Unidos à Hong Kong, da Austrália à África. Dianne mantém um espaço de trabalho na Arc Studios & Gallery, em San Francisco, onde mora desde 1988. Saiba mais em diannehoffman.wixsite.com/artist

Imagens: © Dianne Hoffman (Capa) • PA/ Getty Image • Paramount/Kobal/REX/Shutterstock (5886139ap) • (© Joe C/iStock Photo) • Cortesia da Biblioteca do Congresso (EUA). Alamy, Getty Image, 123 rf. Vintage Illustrations

"Existe um Outro Lado. Não tenha medo. Transforme cada dia em um presente único para você e todos ao seu redor." — Lorraine Warren

Nos conectamos com o Outro Lado todos os dias.
DARKSIDEBOOKS.COM